LES
PREMIERS PRINCIPES
DE LECTURE,

MIS A LA PORTÉE DES JEUNES ENFANS.

SUIVIS

DE PLUSIEURS INSTRUCTIONS DE MORALE, D'HISTOIRE
NATURELLE, ET DE PETITS CONTES,
PUISÉS DANS DIVERS AU-
TEURS ANCIENS.

Par Madame B*** G***,
Maîtresse de Pension.

Prix : 90 cent. broché et 1 fr. cartonné.

PARIS,
JULES BERRIER, ÉDITEUR, QUAI AUX FLEURS, 3.

1834.

LES
PREMIERS PRINCIPES
DE LECTURE,

MIS A LA PORTÉE DES JEUNES ENFANS.

SUIVIS

DE PLUSIEURS INSTRUCTIONS DE MORALE, D'HISTOIRE
NATURELLE, ET DE PETITS CONTES,
PUISÉS DANS DIVERS AU-
TEURS ANCIENS.

Par Madame **B*** G*,**

Maîtresse de Pension.

PARIS,

JULES BERRIER, ÉDITEUR, QUAI AUX FLEURS, 3.

—

1834.

Imprimerie de Sétier, r. Grenelle, 29.

PRINCIPES DE LECTURE.

PREMIÈRE PARTIE.

Lettres capitales romaines.

A B C D E F G H I J K
L M N O P Q R S T U V
W X Y Z.

Lettres courantes romaines.

a b c d e é è ê ë
f g h i j k l m n o
p q r s t u v x y z.

Lettres liées ensemble.

æ œ fi ffi fl ffl ff w
etc.

Lettres capitales italiques.

*A B C D E F G H I J K
L M N O P Q R S T U V
W X Y Z.*

Lettres courantes italiques.

*a b c d e f g h i j k
l m n o p q r s t u v
x y z.*

Lettres liées ensemble.

*æ œ fi ffi fl ffl ff w
ctc.*

Syllabes simples.

ba	be	bé	bè	bi	bo	bu
ca	ce	cé	cè	ci	co	cu
da	de	dé	dè	di	do	du
fa	fe	fé	fè	fi	fo	fu
ga	ge	gé	gè	gi	go	gu
ha	he	hé	hè	hi	ho	hu
ja	je	jé	jè	ji	jo	ju
la	le	lé	lè	li	lo	lu
ma	me	mé	mè	mi	mo	mu
na	ne	né	nè	ni	no	nu
pa	pe	pé	pè	pi	po	pu
ra	re	ré	rè	ri	ro	ru
sa	se	sé	sè	si	so	su
ta	te	té	tè	ti	to	tu
va	ve	vé	vè	vi	vo	vu
xa	xe	xé	xè	xi	xo	xu
za	ze	zé	zè	zi	zo	zu
ab	eb	ib	ob	ub		

ac	ec	ic	oc	uc
ad	ed	id	od	ud
af	ef	if	of	uf
ag	eg	ig	og	ug
al	el	il	ol	ul
am	em	im	om	um
an	en	in	on	uu
ap	ep	ip	op	up
ar	er	ir	or	ur
as	es	is	os	us
at	et	it	ot	ut
ax	ex	ix	ox	ux

Syllabes de trois lettres.

bla	ble	blé	blê	bli	blo	blu
bra	bre	bré	brê	bri	bro	bru
cha	che	ché	chê	chi	cho	chu
cla	cle	clé	clê	cli	clo	clu
cra	cre	cré	crê	cri	cro	cru

dra	dre	dré	drê	dri	dro	dru
fla	fle	flé	flè	fli	flo	flu
fra	fre	fré	frè	fri	fro	fru
gla	gle	glé	glê	gli	glo	glu
gna	gne	gné	gnè	gni	gno	gnu
gra	gre	gré	grê	gri	gro	gru
gua	gue	gue	guê	gui	guo	guu
pha	phe	phé	phè	phi	pho	phu
pla	ple	plé	plê	pli	plo	plu
pra	pre	pré	prê	pri	pro	pru
qua	que	qué	quê	qui	quo	quu
spa	spe	spé	spè	spi	spo	spu
sta	ste	sté	stê	sti	sto	stu
tha	the	thé	thê	thi	tho	thu
tla	tle	tlé	tlè	tli	tlo	tlu
tra	tre	tré	trè	tri	tro	tru
vra	vre	vré	vrê	vri	vro	vru

CHAPITRE IER.

MOTS DE DEUX SYLLABES.

A bri	a fin
ab sent	ai der
ac cent	ai grir
ac croc	a mer
a cier	an ge
ac quit	ap pui
ac te	ar deur
ad mis	ar gent
a droit	ar rêt
Ba bel	ban cal
ba gne	ban ne
ba lai	ban nir

bar be	bro chet
ba se	bois son
bas se	bom be
bil le	bon té
bé tail	bot te
blou se	bou che

Ca bas	chê ne
ca chet	com bat
cer cle	cal me
cal cul	con te
ca nif	cui re
ca non	cy gne
can ton	cui vre
cof fre	creu set
col le	che min

Dau be   des sein
dar der   des sin
da ter   de vant
dé chet   dic tée
des tin   dis cours
dé faut   dis cret
dé gel   dog me
de main   dô me
den rée   don jon

E clair   en fer
é cueil   en fouir
é dit   en tréc
é mail   en vers
en can   é pée
en cre   er go

es quif	ex cès
é tai	ex empt
é té	ex ploit
Fa de	fil tre
fai ble	flam beau
fem me	flû te
far deau	fon deur
fé rie	for çat
fer moir	four che
feuil le	four mi
fic tion	fraî cheur
fi gue	frai se
Gaî té	gla neur
gam me	gor ge
gâ teau	gou lot

gran deur	gre nier
grat toir	gros seur
gra veur	grou pe
grif fe	guer re
grê le	gui de
gre lot	guim pe

Ha cher	haut bois
hâ le	her se
hal le	hous se
har pie	hui le
hau tin	huis sier

Im pair	ins tant
in grat	ins truit

Ja bot	jar re

ja loux	jau ne
jat te	ju pe

La beur	lé gat
lai ton	le vain
lai tue	le vée
lan cer	li ce
lan guir	li not
lar geur	lo ge
la quais	lo gis
la voir	lus tre
lau rier	ly re

Ma nie	ma noir
man chon	mar che
man ne	mas sif
man teau	mas sue

mè re	mo mie
mi roir	mou le
mi se	mou lin
mo de	mous se
mois son	mou ton
Nap pe	nou gat
na vet	nui re
nè fle	non ne
ni veau	ner veux
Obs cur	o gre
o bus	on guent
oc troi	o rient
o de	or me
oi seau	or meau
on glée	our let

13

Pail le   peu ple
pa pier   phé nix
par don   phra se
par vis   pi geon
pas teur   pla ce
pa trie   plu me
pau vre   poi vre
pein tre   por trait
pen sée   pous sin

Qué teur   qui ne
quar taut   quin ze
quin te   quo te
qua ker   quel que

Rab bin   ra deau
ra cloir   râ pe

ré duit   rem part
re flet   ren trée
re frain   re pos
ré gie   ro gnon
rè gle   rô le
re jet   ro se
rem pli   ru ban

Sai gnée   si rop
sal le   so cle
san gle   soi rée
scri be   so leil
sen tier   som me
ser ge   sor tie
sé rie   sou fre
sin ge   soup çon

sou ris	su jet
Tail le	tor tue
tail lis	trai teur
tam bour	tran che
tas se	tra véc
te nue	trè fle
ter rain	tré mie
thè me	tré teau
to me	tur bot
ton ne	tym pan
Ur ne	u ni
u ne	u sé
Vain queur	veil le
vais seau	vé lin
val lée	vel te

ve nue	vi traux
ver glas	vi vre
ver set	vo gue
vil le	vol te

Zè bre	zes te
zè le	zô ne
zé ro	zé phir.

MOTS DE TROIS SYLLABES.

A breu voir	af fai re
a ca jou	af fi che
ac co toir	af fran chi
a ci de	ai guil le
a che teur	a ma dis
a da ge	a man de

Ba di geon	ba tail le
bai gnoi re	be si cles
ba lan ce	bil bo quet
ban quet te	bles su re
ba ro que	bous so le
ba ron ne	bri o che

Ca das tre	ca po te
ca le pin	ca pri ce
ca li bre	cha ra de
cam pa gne	ci go gne
can di dat	cour ti san
ca pi tal	cy lin dre

Dé bar quer	dé bus quer
dé bi teur	dé char ge
dé bour sé	dé ci me

18

dé com bres	dé fro que
dé da le	dé li cat
dé fen seur	de man de

E bè ne	ef fi lé
é bau che	el lip se
é char pe	em bon point
é che lon	em pei gne
é chop pe	em plâ tre
é co le	en clu me

Fa bri cant	fer ti le
fa ci le	feuil le ton
fac tu re	fi la ment
fai né ant	fi nan ce
fan fa ron	fon tai ne
fé cu le	four ru re

Ga geu re   glo bu le
ga ran tie   gon fle ment
gé né reux   gou ver nail
gé né ral   gra tui te
gé ro fle   gué ri te
gi raf fe   gut tu ral

Ha chu re   hé ris son
ha me çon   his to rien
han ne ton   hom ma ge
ha lei ne   hor lo ge
her ba ge   hous si ne
hé ré sie   hor ri ble

Im pru dent   in di go
in car nat   in do lent
in ci dent   in fa mie
in com plet   in sec te

in ten dant	in ter ne
in ter dit	ins tan ce

Jac tan ce	jar gon ner
ja lou sie	jar di net
ja lon ner	jau nâ tre
jam ba ge	join tu re
jam bon neau	jus ti fier

La cu ne	lé gen de
lai na ge	lé gis te
lam bour de	lé thar gie
la mi noir	li man de
lan gou reux	lou an ge
la van de	lu mi neux

Ma ca ron	ma lai se
ma chi ne	ma né ge

21

ma nœu vre ma te las
mar bru re mé gè re
mar mou set mé lan ge
mas se pain mou che ron

Na ca rat neu vai ne
na ri ne no ble ment
nau fra ge no nobs tant
na vi re no tai re
ner vu re nu an ce
net te té nu mé ro

O bo le o lym pe
obs ta cle op ti que
oc ta ve o ra cle
oc to bre o rai son
of fi ce or ga ne
oi se leur os se ment

29

Pail las son   pa rois se
pa pe tier   pas sa ble
pa ra dis   pas sa ge
pa ra pluie   pâ tu re
par che min   pla nè te
par fu meur   pré cep teur

Qua dru ple   que rel leur
qua tor ze   quel que fois
ques tu re   quin con ce
quel con que   quin qui na
que nouil le   quin tu ple

Ra ci ne   ra va ge
rail le rie   re chan ge
ra ma ge   re cher che
rap por teur   ré dac teur

re gis tre / re mar que
re je ton / re nom mée

Sa lai re / sen si ble
san da le / ser vi teur
san son net / si len ce
sar di ne / sol fè ge
sa ti re / souil lu re
se mai ne / suf fra ge

Ta bou ret / tes ta ment
ton ner re / thé â tre
ta pis sier / tim bal le
tein tu re / to ni que
té né breux / tor tu re
ten dan ce / tour bil lon

U ni té / ur gen ce
u nis son / u su fruit

Va car me — ves ti ge
vai ne ment — vi nai gre
vais sel le — vi tre rie
va nil le — vo lon té
ven gean ce — vo lu me
ver mil lon — vo lu te

Zé la teur — zin zo lin.
zi za nie — zo ï le

MOTS DE QUATRE SYLLABES.

A bat ta ge — a mer tu me
a ca dé mie — a mu se ment
af flu en ce — a na lo gie
a gen ce ment — a na to mie
a men de ment — an ti po de

lan çoi re — ban nis se ment
ba lour dise — bar ri ca de

ber ga mo te
bien sé an ce
bi jou te rie

bi o gra phie
bi zar re ment
bri que te rie

Cal cu la teur
can de la bre
can ton ne ment
ca val ca de
che va le rie

cir cons tan ce
com bi nai son
com mis sai re
com plai san ce
com po si tion

Dé bar bouil ler
dé cou ver te
dé dom ma ger
dé fé ren ce
dé ga ge ment

dé man geai son
dé mons tra teur
dé pen dan ce
dé ran ge ment
dis pen sa teur

E chan til lon
é clai ra ge
é co no mie

é lan ce ment
en sei gne ment
en tre pre neur

é plu chu re
é qui pa ge

é ru di tion
es cla va ge

Fer men ta tion
flé tris su re
fré quen ta tion
fris son ne ment
fro ma ge rie

fron tis pi ce
fu mi ga tion
fu né rai re
fu nes te ment
fur ti ve ment

Gar ni tu re
gé mis se ment
gé né ra teur
gé né ra tion
gé o mè tre

ger ma nis me
gla di a teur
glou ton ne ment
gra du a tion
gym nas ti que

Ha bi ta tion
hau tai ne ment
her bo ri ser
hé si ta tion

hi é rar chie
his to ri que
hu mec ta tion
hy per bo le

hy po cri sie	hy po thè se

I den ti té	in dis cré tion
i do là trie	in fle xi ble
im per fec tion	i non da tion
im pos tu re	ins ti tu teur
in cré du le	in ter prè te

Jail lis se ment	jo yeu se ment
ja nis sai re	ju da ïs me
jo ail le rie	ju gu lai re
jour na lis te	ju ri dic tion
jour nel le ment	ju ri di que

La co ni que	li bé ra tion
la men ta tion	li mo na dier
la pi da tion	lit té ra teur
la ti nis me	lo ca li té
lé gè re ment	lou ve te rie

Ma ca ro ni   mé di san ce
ma chi nis te   me nui se rie
ma gis tè re   me su ra ge
ma nu ten tion   mi li tai re
mar chan di se   mi sé ra ble

Nar co ti que   neu tra li té
na sa le ment   nour ri tu re
na vi ga tion   no mi na tion
né gli gen ce   nu mé ra teur
né go ci ant   no ta ble ment.

O bli ga tion   o pé ra tion
o bli que ment   op po si tion
obs cu ri té   or don nan ce
obs ti na tion   or ga ni ser
oc cu pa tion   ou ver tu re

Pa la ti ne   pal pi ta tion

29

pa pe ras se	pé né tra tion
par fai te ment	phi lo so phie
par ti ci pe	poin til la ge
pà tis se rie	po ly go ne

Qua tri è me	quin cail le rie
qua ran tai ne	quin tes sen ce

Rai son na ble	ren sei gne ment
ré cla ma tion	ré pé ti tion
re con nais sant	ré so lu tion
ré for ma tion	res tau ra teur
re mon tran ce	res pon sa ble

Sa tis fac tion	sou dai ne ment
sa von net te	sub sis tan ce
se con dai re	sup por ta ble
se crè te ment	syl la bai re
sé pa ra tion	sym pho nis te

30

Té lé gra phe	tran quil li té
té mé rai re	trans pi ra tion
tem po rai re	tri om pha teur
thé o lo gie	tur bu len ce
ther mo mè tre	ty po gra phie

Ul cé ra tion	u ni ver sel
ul té ri eur	u ti le ment

Vac ci na tion	vil la geoi se
va li de ment	vi vi pa re
vé né ra tion	vo lon tai re
ver bé ra tion	vo lu mi neux
ver ro te rie	vul né rai re

MOTS DE CINQ SYLLABES.

A ca dé mi cien	ad mi nis tra teur
ac cen tu a tion	af fran chis se ment
ad ju di ca tion	al ter na ti ve

a po thi cai re   a rith mé ti que

Ba ca lau ré at   bi bli o ma ne
ba ri o la ge   blas phé ma teur

Ca pi tai ne rie   cir con val la tion
car bo ni sa tion   ci vi li sa tion
cen tra li sa tion   cla ri fi ca tion
chro no lo gis te   col lec ti ve ment

Dan ge reu se ment   dé po si tai re
dé li ca tes se   dé so bli gean ce
dé mé na ge ment   dé ter mi na tion
dé no mi na tion   dou lou reu se ment

E blou is se ment   en cou ra ge ment
é co no mi que   ex a mi na teur
é di fi ca tion   ex ter mi na tion
em mé na ge ment   ex tra va gan ce

Fa bu leu se ment   fas tu eu se ment
fai né an ti se   fa vo ra ble ment
fal ci fi ca teur   fé dé ra tis me
fan fa ron na de   truc tu eu se ment

Gé né a lo gie   gé o mé tri que
gé né ra li té   go gue nar de rie
gé né ra li ser   gra ci eu se ment
gé o gra phi que   gym na si ar que

Ha bi tuel le ment   hi é ro gly phe
hé ré di tai re   ho mo lo ga tion
her mé ti que ment   ho no ra ble ment
hip po po ta me   hy po thé ti que

Il lu mi na tion   in com pa ra ble
im mor ta li té   in flam ma toi re
im por tu né ment   in sen si ble ment
in cer tai ne ment   in sé pa ra ble

33

La bo ra toi re	lé ga li sa tion
la co ni que ment	lé gis la tri ce
la cry ma toi re	lé gi ti ma tion
lan gou reu se ment	li bé ra li té

Ma cu la tu re	mé con nais sa ble
ma gni fi cen ce	mi né ra lo gie
ma ni fes ta tion	mo di fi ca tion
ma thé ma ti que	mul ti pli ca teur

Na tu ra lis me	neu tra li sa tion
né ces si tan te	no sé a bon de
né go ci a tion	no men cla tu re
né o lo gis me	nu mé ri que ment

O bli ga toi re	or di nai re ment
ob ser va toi re	or ga ni sa tion
o pi ni â tre	or tho gra phi que
o lym pi a de	os si fi ca tion

Pa ci fi ca tion   per sé vé ran ce
pa né gi ris te   pé tri fi ca tion
pa ra ly ti que   phy si o no mie
par le men tai re   pré ci pi ta tion

Qua dra gé nai re   qua li fi ca tion
qua dran gu lai re   qua tri è me ment

Rac com mo da ge   ré ci pro que ment
ra di ca le ment   rec tan gu lai re
ra fraî chis se ment   ré fé ren dai re
ra ti fi ca tion   ré gle men tai re

Sa cri fi ca teur   sa tis fac toi re
sa lu tai re ment   se xa gé nai re
sanc ti fi ca tion   sou ve rai ne ment
sa ti ri que ment   sys té ma ti que

Té lé gra phi que   té mé rai re ment

tem pé ra tu re   tri an gu lai re
tem po ri sa tion tu mul tu ai re
to po gra phi que ty po gra phi que

Va ga bon da ge   ver ti ca le ment
va leu reu se ment ver tu eu se ment
vé ri fi ca teur   vo ca bu lai re
vé ri ta ble ment vo lon tai re ment

U na ni mi té   u ra no gra phie
u ni for mi té   u su el le ment
u ni ver si té   u sur pa tri ce

Un en fant stu di eux.
L'hom me rai son na ble.
La fem me é co no me.
Le che val u ti le.
Le chien ca res sant.
La mai son vas te.
Un ap par te ment meu blé.
La plai ne fer ti le.

Un ta lent per fec ti on né.
U ne âme com pa tis san te.
Un rai son ne ment droit.
L'or gueil a bais sé.
La mo des tie re le véc.
Le re pas fru gal.
La nour ri tu re sai ne.
Un a li ment sa lu bre.
Un mé di ca ment ef fi ca ce.
Un tra vail sou te nu.
L'o bé is san ce promp te.
U ne ré pon se fa vo ra ble.
Un gé nie pro fond
La sci en ce né ces sai re.
Le prix mé ri té.
La ré com pen se ob te nue.
La pa ti en ce é prou vée.
La soi rée bril lan te.
U ne mé moi re ex er cée.
U ne ar mée for mi da ble.
Le ma gis trat in tè gre.
Le sculp teur a droit.
Une con dui te pru den te.

La cam pa gne char man te.
Le si te a gré a ble.
Un tor rent ra pi de.
Une mon ta gne es car pée.
L'é toi le é blou is san te.
Le so leil bien fai sant.
Un temps som bre.
La ter re cul ti vée.
Un ber ceau om bra gé.
Le bœuf in fa ti ga ble.
Le ser pent dan ge reux.
La do ci li té ré com pen sée.
La ver tu ho no rée.
Le vi ce mé pri sé.
Un cœur re con nais sant.
Un es prit é clai ré.
U ne cons tel la tion aus tra le.
U ne fi gu re ray on nante.
La ré so lu tion fer me.

FIN DES SYLLABES.

CHAPITRE II.

L'homme a été créé pour travailler.

Un enfant soumis est la consolation de ses parens.

L'envieux n'a point de part à la vertu.

La crainte du Seigneur est le commencement de la sagessse.

Celui qui honore son père et sa mère est comme un homme qui amasse un trésor.

Il faut ménager le temps et éviter le mal.

L'oisiveté est la mère de tous les vices.

Celui qui se laisse aller à la paresse ne sera jamais heureux.

Celui qui évite d'apprendre tombera dans le mal.

Une bonne réputation vaut mieux qu'une grande fortune.

La vigilance est la mère du succès.

Les menteurs sont sans honneur, et la confusion les suit partout.

Donnez-vous bien garde de faire aucun mensonge : car l'habitude du mensonge entraîne à tous les crimes.

Ne fréquentez jamais les méchans, si vous ne voulez devenir aussi méchans qu'eux.

Un bienfait reproché perd tout son mérite.

Soyez bons et compatissans envers les malheureux.

Respectez toujours la vieillesse.

Ne vous moquez jamais de ceux qui ont quelques difformités: car ce serait aggraver leurs maux.

Ne méprisez jamais ceux qui sont pauvres: car on n'est pas sûr d'être toujours heureux.

On ne goûte de plaisir à la récréation que lorsqu'on a bien rempli ses devoirs.

L'enfant sage reçoit avec joie les avis qu'on lui donne; le méchant s'offense de tout et ne fait rien de bien.

L'hypocrisie est un vice dont il faut se garantir.

Evitez l'orgueil, ce vice affreux fait qu'on se croit au-dessus des autres.

Il faut non-seulement éviter le mal, mais même ce qui en a l'apparence.

Lorsque vous faites une bonne action, ayez soin de ne point la publier.

Enfans, corrigez-vous de vos défauts, si vous

voulez faire la consolation de vos parens et les délices de leur vieillesse.

C'est une fausse maxime de croire qu'on peut faire mal quand on n'est pas vu de ses supérieurs.

Celui qui croit avoir beaucoup d'esprit est ordinairement celui qui en a le moins.

Ne vous livrez jamais à la colère: car vous auriez toujours à rougir du mal que vous auriez fait.

Vous devez à vos parens une éternelle reconnaissance pour les soins qu'ils vous ont prodigués pendant votre enfance.

On ne doit jamais porter envie au bonheur des autres.

L'avarice est un vice affreux qui dégrade l'homme qui s'y abandonne. Il est sans cesse tourmenté par le désir d'amasser et la crainte de perdre.

Evitez la prodigalité qui fait que l'on dépense inutilement ce qu'on possède. Ne soyez ni avares ni prodigues.

CHAPITRE III.

Le *chien*. Il y en a de bien des espèces; mais c'est le caniche qui a le plus d'intelligence, malgré les mauvais traitemens que quelquefois on lui fait éprouver, il n'en caresse pas moins son maître, et paraît n'exister que pour lui plaire et le défendre. On a des exemples extraordinaires de l'attachement d'un chien et de son instinct.

Le *cheval* est doué d'une sorte d'intelligence qui le rend susceptible d'une éducation soignée. Il sert à la guerre, à la chasse, à la charrue. La fatigue et l'intempérie des climats ne lui sont pas contraires. Ses alures ordinaires sont le galop, le trot et le pas. Il mange plus fréquemment du foin et de l'avoine. Le cheval peut vivre vingt-quatre à vingt-cinq ans.

Le *chat* est un animal rusé, adroit, même avec sa gentillesse il n'en est pas moins perfide. Cet animal domestique ne fait des caresses que pour son intérêt; il aime la destruction et la rapine; il a beaucoup de patience pour surprendre les souris et les rats; et, paraissant ne s'en point occuper, il se jette dessus et leur donne la mort pour son seul plaisir.

L'*âne* rend de grands services, parce qu'il est assez fort pour porter des fardeaux très-pesans.

Il n'est pas difficile pour sa nourriture; car il mange peu. L'âne est assez doux, mais entêté, ce qui a donné lieu au proverbe: *Têtu comme un baudet.*

Le *chameau*, qui a environ dix pieds sur six de hauteur, a les jambes très-effilées, sa tête est petite et allongée, ses yeux sont gros et saillans. Il a sur le dos une bosse charnue. Le chameau est originaire de l'Arabie. On s'en sert comme d'un cheval pour les voyages. Il obéit promptement à son maître, et lorsqu'on veut le charger, il fléchit les genoux et reste dans cette position jusqu'à ce qu'on lui ordonne de se relever. Si la charge est trop pesante, il demeure couché afin qu'on lui en retire.

Le chameau est d'une très grande utilité pour parcourir les déserts : car il peut voyager quarante jours avec sa charge, et rester huit à dix jours sans boire ni manger. Sa nourriture est la même que celle du cheval et de l'âne.

Le *dromadaire* diffère du chameau en ce qu'il a deux bosses sur le dos. Il est doué d'une extrême douceur, il a les mêmes habitudes que le chameau et rend comme lui de grands services.

Le *bœuf* est un animal très fort, mais docile, qui rend de grands services à l'homme ; il marche lentement ; on s'en sert pour labourer. Toute sa force est dans sa tête, et c'est là qu'on le frappe pour le tuer. Sa chair est une nourriture très-saine pour l'homme.

L'*éléphant* est l'un des plus gros quadrupèdes. Sa tête est énorme ; il a les oreilles longues et larges ; ses yeux paraissent petits relativement à la grosseur de son corps ; il a au lieu de nez une trompe, avec laquelle il porte sa nourriture à sa bouche, et elle lui sert comme de main ; elle est si flexible qu'il la tourne en tous sens, avec tant de force et d'adresse, qu'il parvient à déboucher une bouteille. Ses jambes ressemblent à des poteaux et ses pieds sont monstrueux ; il ne laisse pas, malgré sa pesanteur, d'être bon marcheur : car il peut faire quinze à vingt lieues par jour. Les anciens s'en servaient pour aller à la guerre.

L'éléphant est doué d'une intelligence extraordinaire : chaque jour à son réveil, il se tourne vers le soleil comme pour l'adorer. Lorsqu'il est apprivoisé, quelques jours suffisent pour lui apprendre ce qu'on exige de lui. Il est naturellement doux ; mais si on l'irrite, il se venge tôt ou tard.

Un peintre voulait en dessiner un avec sa trompe élevée et sa bouche ouverte; le valet du peintre, afin de lui faire continuer cette attitude, lui donnait quelques fruits ; mais quelquefois aussi il n'en faisait que le geste. L'éléphant, impatienté de ce qu'on se moquait de lui, prit de l'eau dans sa trompe, et se tournant du côté de celui qui le dessinait, jeta une si grande quantité d'eau sur le papier, qu'il gâta tout l'ouvrage.

Les éléphans vivent très vieux, il y en a qui vivent de cent à cent cinquante ans. On en trouve beaucoup dans le midi de l'Asie et de l'Afrique.

Le *rhinocéros* a à peu près douze pieds de longueur et environ sept de hauteur ; ses jambes sont courtes. Il n'est ni féroce, ni carnassier, quoiqu'il soit peu traitable. Cet animal est sans intelligence et sans docilité. Il choisit les endroits humides et marécageux. Il se nourrit d'herbes et de grains ; il ne fait point de mal aux hommes à moins qu'on ne le provoque. Le rhinocéros se trouve dans les contrées chaudes de l'Asie.

Le *lion*. S'il n'est pas le plus gros des animaux, il n'en est pas moins le plus fort et le plus terrible. Sa tête est grosse et charnue, son nez est long, ses yeux sont vifs et perçans. Il a une très-belle crinière, qui ombrageant sa tête et son col, lui donne un air majestueux. Le lion, lorsqu'il est jeune, peut s'apprivoiser. La lionne diffère du lion en ce qu'elle n'a point de crinière. On trouve beaucoup de lions en Asie et en Afrique. Pour les prendre, on allume du feu afin de les éloigner de leur retraite.

Le lion n'est cruel que quand la faim le presse, c'est alors qu'il rugit, se bat les flancs avec sa queue, dresse sa crinière, montre ses dents cruelles et sa langue armée de pointes.

La *Giraffe* se trouve dans les déserts de l'Afrique. C'est un animal très-doux qui se nourrit de feuilles, de foin, qui boit beaucoup de lait. La giraffe a au moins vingt pieds de hauteur, sa tête est petite, son corps tacheté, ses jambes de devant sont plus longues que celles de derrière; elle marche très-vite.

L'*ours* est sauvage, il ne se plaît que dans les endroits froids et inhabités ; il se retire dans des cavernes. Il a une forme grossière et n'est point susceptible de s'attacher même à son maître ; aussi faut-il toujours se défier de sa férocité naturelle. Cet animal est tellement paresseux qu'il ne quitte sa retraite que lorsqu'il a faim ; il peut rester plusieurs jours sans manger, parce qu'il a sous ses pattes une espèce de graisse dont il se nourrit.

Le *loup*, animal dangereux, paresseux et poltron, n'est redoutable que quand il est pressé par la faim ; alors il devient furieux, et malheur à la proie dont il peut se saisir, il ne lui fait point de quartier. Il habite ordinairement les forêts et les bois.

Le *léopard* varie pour sa couleur ; mais il est plus ordinairement d'une couleur fauve plus ou moins foncée. Cet animal est très-cruel, et attaque aussi bien les hommes que les bêtes, il cause de grands malheurs dans les endroits qu'il habite ; il multiplie beaucoup ; mais on en voit peu par ce que le tigre le détruit. Les léopards viennent aussi de l'Asie et de l'Afrique.

Le mouton sert à la nourriture de l'homme, et sa laine est d'une grande utilité ; il ne mange que de l'herbe, du foin et de la paille. Il est très-doux et se laisse conduire en troupeau par un berger, accompagné de chiens. La femelle s'appelle brebis et le petit agneau.

Le renard est rusé ; il se plaît à aller dans les poulaillers afin de détruire la volaille pour la manger; il tue tout ce qu'il peut atteindre. Le renard est comme le chat, plein de finesse, il est à-peu-près de la grosseur d'un chien ordinaire.

Le tigre, quoique moins fort que le lion, est plus féroce: il égorge tous les animaux qu'il rencontre; qu'il ait faim ou non, il n'en est pas moins cruel. Sa peau est marquée de différentes bandes noires, sa tête ressemble à celle d'un chat.

La panthère a le regard cruel, ses mouvemens sont brusques; son air paraît inquiet. Elle habite les forêts de l'Asie et de l'Afrique; elle fait la guerre aux autres animaux, mais rarement elle attaque les hommes. On est parvenu à la dompter et à la dresser pour la chasse quoiqu'elle soit féroce.

L'*écureuil* est un animal très-agile, qui plaît par sa vivacité et les grâces de ses manières. Il se nourrit de noix, de noisettes et de fruits sauvages; il est si léger que dans les forêts il saute d'arbre en arbre ; il a quelquefois un peu de ressemblance avec le singe ; il porte sa nourriture à sa bouche avec ses pieds de devant, qui lui servent de mains.

L'*hermine* se trouve communément dans les pays froids; elle ressemble un peu à la belette de nos climats; elle fait la chasse aux taupes et aux rats. Avec sa peau on fait des fourrures qui sont très-recherchées.

L'*aigle* est l'un des oiseaux les plus forts et les plus redoutables. Il habite les montagnes les plus élevées; on le trouve en Europe, dans l'Amérique. Il choisit les plus grands arbres et même les rochers pour faire son nid.

L'*autruche* habite les déserts de l'Afrique. Elle marche très-vite au moyen de ses ailes

On mange de ses œufs; avec les coquilles on fait des vases; et les plumes de ses ailes servent à orner les chapeaux des dames.

Le vautour est un oiseau vorace qui se nourrit de sang et de carnage; il aime les endroits solitaires et y fait son nid.

Le cygne est remarquable par la blancheur de son plumage; il a un air majestueux en nageant; avec son long cou, il saisit les petits poissons, les vers. Les grosses plumes du cygne sont assez recherchées, on se sert du duvet pour faire divers objets de luxe.

La cigogne se reconnaît à son long cou; son plumage est blanc; elle habite les pays chauds; l'hiver elles volent en troupe pour éviter le froid. Cet oiseau, loin d'être nuisible, détruit les serpents, les grenouilles, dont elle fait sa nourriture.

Le paon est originaire des Indes; il a une très-petite tête, un cri insupportable, ses pates sont affreuses, mais les plumes de sa queue sont charmantes par la variété des couleurs; il a un air majestueux quand il étale cette queue en forme d'oréole. La femelle est grise.

La grue a un cou très-long, ainsi que les jambes; elle préfère les endroits marécageux.

Le faisan a un beau plumage doré, mêlé de jaune, de brun et de vert. Sa chair est très-délicate.

Le pélican se trouve en Afrique, il vole très-haut et nourrit ses petits de son sang.

Le perroquet habite les climats les plus chauds; il est de la grosseur d'un pigeon. Ses plumes sont communément d'un beau vert. Il y en a de divers couleurs; et beaucoup à qui on apprend à parler. Cet oiseau peut vivre un siècle.

La tourterelle est un oiseau très-doux, qui tient du pigeon; elle recherche les lieux solitaires.

Son amitié est constante. Si le mâle ou la femelle vient à mourir, l'autre en meurt de chagrin.

C'est pourquoi on l'a choisie pour le symbole de la fidélité.

Le rossignol est petit, son chant est très-agréable, surtout dans le priutemps; mais il le cesse quand ses petits sout éclos; alors il s'occupe, avec sa femelle, du soin de les nourrir. On le trouve dans les bois.

La baleine est un des plus gros poissons. On la trouve plus ordinairement dans les mers du nord.

Cet animal a le sang très-chaud; il est vivipare.

Pour pêcher la baleine, on se sert de harpons.

Avec sa chair on fait de l'huile qu'on emploie pour la préparation du cuir.

Le requin est un monstre marin qui suit les vaisseaux. Ce poisson est vorace et dangereux. C'est sa peau qu'on nomme peau de chien de mer.

La raie est un poisson de mer; son corps est plat. Il y a des raies d'une grandeur monstrueuse.

Elle se trouve à l'embouchure des fleuves, parcequ'elle recherche les endroits bourbeux.

La tortue est revêtue d'une écaille très-dure,

dont on se sert pour faire des tabatières, des peignes et autres objets. Les œufs de la tortue sont estimés.

Le phoque à la tête presque humaine, il vit de poissons et d'herbes. On le trouve particulièrement dans les mers du nord, il se tient sur la terre et dans l'eau. On ne peut le prendre que pendant son sommeil; ce poisson a beaucoup d'intelligence.

La morue est très-abondante dans les mers du nord; ce poisson est très-vorace. On n'en mange que très-peu de fraiche; plus ordinairement on la sale et on la conserve long-temps.

Le dauphin est très-vorace et suit les vaisseaux. Il est moins intéressant que les anciens ne le pensaient.

Le thon est un poisson qui se trouve plus ordinairement dans la Méditerranée; il se nourrit de plantes maritimes. On en mange peu de frais; mais on le conserve en le faisant mariner dans de l'huile.

La lamproie est un poisson de mer qui fraie les rivières au printemps ; sa peau est gluante. Ce poisson est un manger délicat.

Le maquereau est un poisson plus petit que le thon. On le trouve dans les mers du nord. C'est vers le printemps qu'on le pêche sur nos côtes.

Le hareng est un poisson qui habite la mer glaciale ; mais dans l'automne la pêche s'en fait plus abondamment sur les côtes de la Hollande et de la France.

Le merlan est aussi un poisson de mer dont la chair est blanche et fort bonne à manger.

Les crustacées. On comprend parmi les crustacées la crevette, l'écrevisse, le homar, etc. ; ils sont recouverts d'une enveloppe très-dure et dont les jointures sont divisées. L'écrevisse qui est plus abondante se pêche dans les ruisseaux d'eau douce.

CHAPITRE IV.

Caroline.

Madame Périn, jeune femme aussi distinguée par les grâces et la tournure piquante de son esprit que par la délicatesse de ses sentimens et la force de son caractère, reprenait un jour Pauline, sa fille aînée, d'une légèreté bien pardonnable à son âge. Pauline, touchée de la douceur que sa mère mettait dans ses reproches, versait des larmes de repentir et d'attendrissement. Caroline, âgée alors de trois ans, voyant pleurer sa sœur, grimpe sur les barreaux d'une chaise pour atteindre jusqu'à elle : d'une main prend son mouchoir, dont elle lui essuie les yeux; et de l'autre lui glisse dans la bouche un bonbon qu'elle roulait dans la sienne. Il me semble que M. Greuze pourrait faire un tableau charmant de ce sujet.

Cette même petite Caroline était allée à la campagne avec sa mère, à deux petites lieues de Paris. Elle y avait apporté quelques paires de souliers neufs; mais à force de courir dans le jardin, ils se trouvaient tout percés à grand et à petit jour au bout de son pied. On lui en fit acheter pour le moment dans le village. Comme sa mère en avait aussi besoin elle-même, elle envoya dire au cordonnier de la ville de lui en faire de nouveaux, et de les lui apporter. Le cordonnier vint au bout de quelques jours. Lorsque la mère eut essayé les siens, on chercha partout la petite fille pour lui faire prendre mesure. On va l'appeler dans la cour, dans le jardin, dans tous les appartemens. Point de Caroline. Le cordonnier, après l'avoir attendue long-temps, se retire. Il n'était pas au bout de l'allée, que Caroline reparaît tout-à-coup.

—Où étiez-vous donc, ma fille, lui dit sa mère ?

—Là, maman, répondit-elle, en soulevant le rideau.

— Pourquoi donc n'en êtes-vous pas sortie, lorsque le cordonnier était ici ?

— Maman, c'est qu'il y était.

— Eh bien ! est-ce que votre cordonnier vous fait peur ?

— Non, maman ; mais il aurait bien vu à mes souliers, que ce n'était pas lui qui les avait faits. J'aurais eu beau dire, il aurait cru que je lui aurais ôté ma pratique. Le pauvre M. David ! il aurait été tout fâché.

Papillon, joli papillon.

Papillon, joli papillon! viens te poser sur cette fleur que je tiens dans ma main.

Où vas-tu, petit étourdi? Ne vois-tu pas cet oiseau gourmand qui te guette? Il vient d'aiguiser son bec, et il l'ouvre déjà tout prêt à t'avaler. Viens, viens ici; il aura peur de moi, et il n'osera t'approcher.

Papillon, joli papillon! viens te poser sur cette fleur que je tiens dans ma main.

Je ne veux point t'arracher les ailes, ni te tourmenter : non, non, tu es petit et faible, ainsi que moi. Je ne veux te voir que de plus près; je veux voir ta petite tête, ton long corsage et tes grandes ailes bigarées de mille et mille couleurs.

Papillon, joli papillon! viens te poser sur cette fleur que je tiens dans ma main.

Je ne te garderai pas long-temps, je sais que tu n'as pas long-temps à vivre. A la fin de cet été tu ne seras plus, et moi je n'aurai alors que six ans.

Papillon, joli papillon! viens te poser sur cette fleur que je tiens dans ma main. Tu n'as pas un moment à perdre pour jouir de la vie : tu pourras prendre ta nourriture tandis que je te regarderai.

L'Agneau.

La petite Fanchonnette, fille d'un pauvre paysan, était assise un matin au bord d'une grande route, tenant sur ses genoux une écuelle de lait, dans laquelle elle trempait, pour son déjeûner, des mouillettes coupées dans un gros morceau de pain de noir.

Dans le même temps, il passait sur le chemin un voiturier qui portait dans sa charrette une vingtaine d'agneaux vivans, qu'il allait vendre au marché. Ces pauvres animaux, entassés les uns sur les autres, les pieds garottés et la tête pendante, remplissaient l'air de bêlemens plaintifs qui perçaient le cœur de Fanchonnette, mais auxquels le voiturier ne prêtait qu'une oreille impitoyable. Lorsqu'il fut arrivé devant la petite paysanne, il jeta à ses pieds un agneau qu'il portait en travers sur son épaule. Tiens, mon enfant, dit-il, voilà une maudite bête qui vient de mourir, et de m'appauvrir d'un écu. Prends-la, si tu veux, pour en faire une fricassée.

Fanchonnette interrompit son déjeûner, posa son écuelle et son pain à terre, ramassa l'agneau, et se mit à le regarder d'un air de pitié. Mais, dit-elle aussitôt, pourquoi te plaindrais-je ! aujourd'hui ou demain, on t'aurait passé un grand couteau dans le cou; au lieu que tu n'as plus à craindre de souffrir. Tandis qu'elle parlait ainsi, l'agneau, réchauffé par la chaleur de ses bras, ouvrit un peu les yeux, fit un léger *béé* languissant, comme s'il criait après sa mère.

Il serait difficile d'exprimer la joie que ressentit la petite fille. Elle enveloppe l'agneau dans son tablier, relève encore par-dessus son cotillon de futaine, baisse son sein sur ses genoux pour le réchauffer davantage, et lui souffle de toute son haleine, dans les narines et sur le museau.

Elle sentit la pauvre bête s'agiter peu à peu, et son propre cœur tressaillit à chacun de ses mouvemens.

Encourragée par ce premier succès, elle broie quelques miettes entre ses mains, les jette dans l'écuelle; puis les ramassant du bout du doigt, parvient, avec assez de peine, à les lui faire glisser entre les dents, qu'il tenait étroitement serrées. L'agneau, qui ne mourait que de besoin, se sentit un peu fortifié par cette nourriture. Il commença à étendre ses jambes, à secouer sa tête, à frétiller de la queue, et à redresser ses oreilles.

Bientôt il eut la force de se tenir sur ses pieds. Puis il alla de lui-même boire dans l'écuelle le déjeûner de Fanchonnette, qui le voyait faire en souriant. Enfin, un quart d'heure ne s'était pas encore écoulé, qu'il avait fait mille cabrioles. Fanchonnette, transportée de joie, le prit entre ses bras, courut à sa cabane, et le présenta à sa mère. *Bébé*, c'est ainsi qu'elle l'appelait, devint dès ce moment, l'objet de tous ses soins. Elle partageait avec lui le peu de pain qu'on lui donnait pour ses repas ; elle ne l'aurait pas troqué, lui tout seul, contre le plus grand troupeau du village. Bébé fut si reconnaissant de son amitié, qu'il ne la quittait jamais d'un seul pas. Il venait manger dans sa main ; il bondissait autour d'elle, et lorsqu'elle était quelquefois obligée de sortir sans lui, il poussait des bêlemens plaintifs. Dieu qui voulait payer Fanchonnette de sa bonté, ne s'en tint pas à cette récompense. Bébé produisit de petits agueaux, qui en produisirent d'autres à leur tour ; en sorte que peu d'années après, Fanchonnette eut un joli troupeau, qui nourrit de son lait toute la famille, et lui fournit, de sa laine, les meilleurs vêtemens.

Le Ramoneur.

Une servante avait farci l'esprit des enfans de ses maîtres de mille contes ridicules sur un homme à tête noire. Angélique, l'une de ces enfans, vit un jour, pour la première fois, un ramoneur entrer dans sa maison. Elle poussa un grand cri et courut se réfugier dans la cuisine. A peine s'y fut-elle cachée, que l'homme noir y entra sur ses pas. Saisie d'une nouvelle frayeur, elle se sauve par une autre porte dans l'office, et toute tremblante se tapit dans un coin. Elle n'était pas encore entièrement revenue à elle-même, lorsqu'elle entendit l'homme effrayant chanter d'une voix tonnante, en raclant, à grand bruit, l'intérieur de la cheminée. Dans un nouvel effroi, elle s'élance de l'endroit où elle était cachée, et, sautant par une fenêtre basse dans le jardin, elle court à perte d'haleine vers le fond du bosquet, et tombe presque sans mouvement au pied d'un gros arbre. Là, d'un œil effaré, elle n'osait qu'à peine regarder autour d'elle : tout-à-coup, sur le haut de la cheminée, elle vit encore s'élever l'homme noir. Alors elle

se mit à crier de toutes ses forces : Au secours !
au secours ! Son père accourut et lui demanda
ce qu'elle avait à crier. Angélique, sans avoir la
force d'articuler un seul mot, lui montra du
doigt l'homme noir assis à califourchon sur la
cheminée. Son père sourit ; et pour prouver à sa
fille combien peu elle avait eu raison de s'effrayer ; il attendit que le ramoneur fût descendu ;
puis il le fit débarbouiller en sa présence, et,
sans autres explications, lui montra de l'autre
côté son perruquier, qui avait le visage tout
blanc de poudre.

Angélique rougit ; et son père profita de cette
occasion pour lui apprendre qu'il existait des
hommes à qui la nature donnait un visage tout
noir, mais qui n'étaient point à craindre pour
les enfans ; qu'il y avait même un pays où les enfans étaient communément nourris par des
femmes noires comme du jais, sans que leur teint
perdît de sa blancheur. Dès ce moment, Angélique fut la première à rire de tous les contes
bizarres que des personnes simples et crédules
lui faisaient pour l'effrayer.

L'amour de Dieu et de ses Parens.

Hélène et Théophile étaient tendrement chéris

de leurs parens, et les aimaient avec la même tendresse.

Depuis quelques jours, ils avaient pris l'habitude de courir au fond du jardin après leur déjeûner, et de n'en revenir qu'au bout d'un quart d'heure, pour se remettre à leur travail.

Cette conduite fit naître la curiosité de M. de Florini, leur père. Ces deux enfans, jusqu'alors avaient été fort studieux ; il avait su leur rendre le travail si agréable, qu'ils laissaient souvent leur déjeûner à moitié, pour courir au plus vite à leurs leçons.

Que devons-nous penser de ce changement, dit-il à son épouse ? Si nos enfans prennent une fois le goût de l'oisiveté, nous leur verrons bientôt perdre les heureuses dispositions qu'ils avaient montrées. Nous perdrons nous-mêmes nos plus chères espérances, et le plaisir que nous avions à les aimer.

Madame de Florini ne put lui répondre que par un soupir. Le même jour elle dit à ses enfans : Qu'allez-vous faire dans le jardin ? vous pourriez bien attendre que votre travail fût fini pour vous livrer à vos récréations.

Hélène et Théophile gardèrent le silence, et

embrassèrent plus tendrement que jamais leur maman.

Le lendemain au matin, lorsqu'ils crurent n'être vus de personne, ils s'acheminèrent doucement vers le berceau de chevre-feuille qui était au bout de la grande allée.

Madame de Florini attendait ce moment, et les suivit sans en être aperçue, à la faveur de la charmille épaisse, le long de laquelle elle se glissa sur la pointe des pieds. Lorsqu'elle fut arrivée près du berceau, et qu'elle fut postée dans un endroit d'où elle pouvait tout remarquer à travers le feuillage, Dieu ! de quelle joie son cœur maternel fut saisi, lorsqu'elle vit ses deux enfans joindre leurs mains, et se mettre à genoux !

Théophile disait cette prière ; Hélène répétait après lui : « Seigneur, mon Dieu, je te prie que
« nos parens ne meurent pas avant nous. Nous les
« aimons tant, et nous aurons tant de plaisir à
« faire leur bonheur, lorsque nous serons grands ! —
« Rends-nous bons, justes et sages, pour que
« notre papa et notre maman puissent tous les
« jours se réjouir de nous avoir donné la vie. En-
« tends-tu, mon Dieu ? Nous voulons aussi faire
« tout ce qui est dans tes commandemens. »

Après cette prière, ils se relevèrent tous deux, s'embrassèrent tendrement, et retournèrent à la maison, en se tenant par la main.

Des larmes de joie coulaient le long des joues de leur mère. Elle courut à son époux, le pressa sur sa poitrine, lui redit ce qu'elle avait entendu; et ils furent l'un et l'autre aussi heureux que s'ils avaient été transportés tout d'un coup, avec leur famille, dans les délices du paradis.

Denise et Antonin.

C'était un beau jour d'été : M. de Vallebonne devait aller se promener dans un joli jardin, aux portes de la ville, avec ses deux enfans. Denise et Antonin. Il passa dans sa garde-robe pour s'habiller, et les deux enfans restèrent dans le salon.

Antonin, transporté du plaisir qu'il se promettait de sa promenade, en courant étourdiment çà et là, heurta, du pan de son habit, une fleur rare et précieuse, que son père cultivait avec des soins infinis, et qu'il avait malheureusement ôtée de dessus la fenêtre, pour la préserver de l'ardeur du soleil.

O mon frère! qu'as-tu fait? lui dit Denise, en

ramassant la fleur qui s'était séparée de sa tige.

Elle la tenait encore à la main, lorsque son père, ayant fini de s'habiller, rentra dans le salon. Comment, Denise, lui dit M. de Valbonne, avec un mouvement de colère, tu cueilles une fleur que tu m'as vu prendre soin de cultiver, pour en avoir la graine.

Mon cher papa, lui répondit Denise, toute tremblante, ne vous fâchez pas, je vous prie.

Je ne me fâche point, répliqua M. de Valbonne en se calmant; mais comme tu pourrais avoir aussi la fantaisie de cueillir des fleurs dans le jardin où je vais, et qui ne m'appartient pas, tu ne trouveras pas mauvais que je te laisse à la maison.

Denise baissa les yeux et se tut. Antonin ne put garder plus long-temps le silence. Il s'approcha de son père, les yeux mouillés de larmes et lui dit :

Ce n'est pas ma sœur, mon papa, c'est moi qui ai arraché cette fleur. Ainsi c'est à moi à rester à la maison. Menez ma sœur avec vous.

M. de Valbonne, touché de l'ingénuité de ses enfans, et de la tendresse qu'ils montraient l'un pour l'autre, les embrassa, et leur dit : Vous êtes tous deux mes bien-aimés, et vous viendrez tous deux avec moi.

Denise et Antonin firent un bon de joie. Ils allèrent se promener dans le jardin, où on leur montra les plantes les plus curieuses. M. de Valbonne vit avec plaisir Denise presser de ses mains les deux côtés de ses jupons, et Antonin relever les pans de son habit sous chacun de ses bras, de peur de causer quelque dommage en se promenant entre les plates-bandes.

La fleur qu'il avait perdue lui aurait causé sans doute beaucoup de plaisir ; mais il en goûta bien davantage, en voyant fleurir dans ses enfans l'amitié fraternelle, la candeur et la prudence.

Les Jarretières et les Manchette.

LOUISE ET SOPHIE.

Louise. Le joli jour que celui des étrennes. Ah ! ma sœur ! il me tarde bien qu'il n'arrive.

Sophie. Tiens, ne m'en parle pas. Ce mois crotté de décembre me paraît plus long à lui seul que tout le reste de l'année. Que de belles choses nous allons avoir ! j'y rêve la nuit, ou je m'éveille pour y penser.

Louise. Tu souviens-tu l'année dernière, comme tous les amis de papa et de maman nous apportaient des bonbons et des joujoux? Nous en avions tant que nous ne savions où les fourrer.

Sophie. Et la veille, comme le salon fut éclairé de bougies! Je crois y être encore. Il y avait une grande table couverte de jolis présens. Maman nous appela d'une voix douce: Venez, mes chères filles, recevez ces cadeaux d'aussi bon cœur que je vous les donne. Elle nous embrassait et pleurait de joie. Je ne l'ai jamais vue si contente que ce jour-là, en nous voyant frapper dans nos mains, et danser comme des folles autour de la chambre.

Louise. Elle était, je crois, encore plus heureuse que nous.

Sophie. Il semblait que c'était elle qui recevait ses étrennes.

Louise. Il faut donc qu'il y ait un grand plaisir à donner! Sais-tu ce que nous devrions faire, Sophie? Nous sommes bien petites, et nous ne possédons pas grand'chose; mais nous pouvons encore nous procurer ce plaisir.

Sophie. Comment cela, ma sœur?

Louise. C'est dans quinze jours le premier jour de l'an, et nous avons de l'argent dans notre bourse.

Sophie. Oui, j'ai près de six francs, moi. Qu'en ferons-nous?

Louise. Tu sais bien que c'est après-demain Taint-Thomas, fête de la paroisse? Il y a une foire le long de la rue, il faudra nous lever de bonne heure, bien travailler, et apprendre avec soin toutes nos leçons, pour qu'on nous permette d'aller à la foire l'après-midi. J'ai douze francs en pièces de dix sous. Nous prendrons chacune la moitié de notre argent, et nous en achèterons les plus jolies choses que nous pourrons trouver. Nous les porterons ici bien enveloppées; et la veille du premier de l'an, nous irons donner les étrennes aux enfans de la portière.

Sophie. Mais il faudrait que les enfans de notre pauvre frotteur en eussent aussi quelque chose.

Louise. Tu as raison, je n'y songeais pas. Oh! comme ils vont sauter de joie! cette aubaine ne leur est sûrement pas encore arrivée.

Sophie. Nous serons donc les premières qui

leur aurons causé ce plaisir! O ma sœur! il faut que je t'embrasse pour cette pensée.

Louise. Oui; mais un moment, il m'en vient une autre. Cet argent que nous voulons dépenser......

Sophie. Eh bien! il est à nous, et nous pouvons en disposer comme il nous plaît.

Louise. Je le sais aussi. Mais......

Sophie. Mais, quoi donc?

Louise. C'est de nos parens que nous l'avons reçu. Si nous en faisons des cadeaux, ce n'est pas nous qui les ferons, ce seront nos parens.

Sophie. Oui, cela est vrai. Nous n'en avons pourtant pas d'autre que celui-là.

Louise. Ecoute; nous pouvons trouver un autre moyen. Je sais broder assez joliment, et toi, tu ne commences pas mal à tricoter.

Sophie. A quoi cela nous servira-t-il?

Louise. Tu peux bientôt tricoter une paire de jarretières pour mon papa. Moi, depuis quinze jours, je lui brode des manchettes. Il faut faire en sorte, et nous le pouvons, que notre besogne soit achevée deux ou trois jours avant le premier de l'an.

Sophie. Pourquoi donc, ma sœur ?

Louise. Nous les porterons à notre papa, qui se fera un plaisir de nous les acheter, et qui nous les paiera trois fois plus qu'elles ne valent; oh! j'en suis bien sûre.

Sophie. Mais la foire tient après-demain, et nous ne pouvons pas achever d'ici là, toi tes manchettes, et moi mes jarretières ?

Louise. Cela n'est pas nécessaire non plus. L'argent dont nous avons besoin après-demain pour nos emplètes, nous pouvons l'emprunter de notre bourse, et nous serons en état de nous le rendre avant de donner nos étrennes. Ainsi, nous pourrons dire, en toute vérité, que c'est nous-mêmes qui aurons fait ces cadeaux aux pauvres enfans.

Sophie. Voilà qui est fort bien imaginé. C'est toujours toi qui as le plus d'esprit. Il est vrai que tu es l'aînée.

Louise. Que nous serons contentes d'avoir su gagner de quoi donner tant de joie à de petits malheureux !

Sophie. Oh! si c'était demain ce grand jour!

Louise. Il viendra bientôt à présent; et nous aurons toujours du plaisir à l'attendre.

La petite fille grognon.

O vous, enfans, qui avez eu le malheur de contracter une habitude vicieuse! c'est pour votre consolation et pour votre encouragement, que je vais raconter l'histoire suivante. Vous y verrez qu'il est possible de se corriger, lorsqu'on en prend au fond de son cœur la courageuse résolution.

Rosalie, jusqu'à sa septième année, avait été la joie de ses parens. A cet âge, où la lumière naissante de la raison commence à nous découvrir la laideur de nos défauts, elle en avait pris un, au contraire, qu'on ne peut mieux vous peindre qu'en vous rappelant ces petits chiens hargneux qui grognent sans cesse, et qui semblent toujours prêts à se jeter sur vos jambes pour les déchirer.

Si l'on touchait, par mégarde, à quelqu'un de ses joujoux, elle vous regardait de travers, et murmurait un quart d'heure entre ses dents. Lui faisait-on quelque léger reproche? elle se levait, trépignait des pieds, renversait les chaises et les fauteuils. Son père, sa mère, personne, dans la maison, ne pouvait plus la souffrir. Il est bien vrai qu'elle se repentait quelquefois de ses fautes ; elle répandait même souvent des larmes secrètes, en se voyant devenue un objet d'aversion pour tout le monde, jusqu'à ses parens ; mais l'habitude l'emportait bientôt, et son humeur devenait de jour en jour plus acariâtre.

Un soir (c'était la veille du jour des étrennes), elle vit sa mère qui passait dans son appartement, en portant une corbeille sous sa pelisse.

Rosalie voulait la suivre, madame de Fougères lui ordonna de rentrer dans le salon. Elle prit à ce sujet la mine la plus grogneuse qu'elle eût jamais eue, et ferma la porte si rudement, qu'on entendit craquer tous les vitrages des croisées. Une demi-heure après, sa mère lui fit dire de passer chez elle. Quelle fut sa surprise de voir la chambre éclairée de vingt bougies, et la table couverte de joujoux les plus brillans ! Elle ne put proférer une parole, transportée, comme elle l'était, de joie et d'admiration.

Approche, Rosalie, lui dit sa mère, et lis sur ce papier, pour qui toutes ces choses sont destinées ; et elle lut :

« *Pour une aimable petite fille, en récompense de sa douceur.* »

Elle baissa les yeux et ne dit mot.

Et bien! Rosalie, à qui cela est-il destiné, lui dit sa mère. Ce n'est pas à moi, répondit Rosalie, et les larmes lui vinrent aux yeux. Voici encore un autre billet, reprit madame de Fougères; vois s'il ne serait pas question de toi dans ce billet, et lis:

« *Pour une petite fille grognon, qui recon-*
» *naît ses défauts, et qui, en commençant une*
» *nouvelle année, va travailler à s'en corriger.* »

Oh! c'est moi, c'est moi, s'écria-t-elle, en se jetant dans les bras de sa mère, et en pleurant amèrement. Madame de Fougères versa aussi des larmes, moitié de chagrin sur les défauts de sa fille, et moitié de joie sur le repentir qu'elle en témoignait. Allons, lui dit-elle, après un moment de silence, prends donc ce qui t'appartient, et que Dieu, qui a entendu ta résolution, te donne la force de l'exécuter.

Non, ma chère maman, répondit Rosalie; tout cela n'appartient qu'à la personne du premier billet. Gardez-le-moi jusqu'à ce que je sois cette personne. C'est vous qui me direz quand je le serai devenu.

Cette réponse fit beaucoup de plaisir à madame de Fougères. Elle rassembla aussitôt les joujoux, les mit dans une commode, et en présenta la clef à Rosalie, en lui disant : Tiens, ma chère fille, tu ouvriras la commode quand tu jugeras toi-même qu'il en sera temps.

Il s'était déjà écoulé près de six semaines, sans que Rosalie eût eu le moindre accès d'humeur.

Elle se jeta un jour au cou de sa mère, et lui dit d'une voix étouffée : Ouvrirai-je la commode, maman? Oui, ma fille, tu peux l'ouvrir, lui répondit madame de Fougères, en la serrant tendrement dans ses bras. Mais, dis-moi donc, comment as-tu fait pour vaincre ainsi ton caractère? Je m'en suis occupée sans cesse, lui répliqua Rosalie. Il m'en a bien coûté; mais tous les matins et tous les soirs, cent fois dans la journée, je priais Dieu de soutenir mon courage.

Madame de Fougères répandit les plus douces larmes. Rosalie se mit en possession des joujoux, et, bientôt après, des cœurs de tous ses amis.

Sa mère raconta cet heureux changement en présence d'une petite fille qui avait le même défaut. Celle-ci en fut si frappée, qu'elle prit sur le champ la résolution d'imiter Rosalie, pour devenir aimable.

Ce projet eut le même succès. Ainsi, Rosalie ne fut pas seulement plus heureuse pour elle-même, elle rendit aussi heureux tous ceux qui voulurent profiter de son exemple.

Quel enfant bien né ne voudrait pas jouir de cette gloire et de ce bonheur ?

La petite babillarde.

Léonore était une petite fille pleine d'esprit et de vivacité. A l'âge de six ans, elle maniait déjà l'aiguille et les ciseaux avec beaucoup d'adresse, et toutes les jarretières de ses parens étaient de sa façon. Elle savait aussi lire couramment dans le premier livre qu'on lui présentait. Les lettres de son écriture étaient bien formées. Elle n'en mettait point de grandes, de moyennes et de petites dans le même mot, les unes penchées en avant, les autres en arrière ; et ses lignes n'allaient point en gambadant du haut de son papier jusqu'en bas, ainsi que je l'ai vu pratiquer à plusieurs enfans de son âge.

Ses parens n'étaient pas moins contents de son obéissance que ses maîtres ne l'étaient de son application. Elle vivait dans la bonne union avec ses sœurs, traitait les domestiques avec affabilité, et ses compagnes avec toutes sortes d'égards et de prévenances. Tous les étrangers qui venaient dans la maison en paraissaient également enchantés.

Qui croirait qu'avec tant de qualités, de talents et de gentillesse, elle pût avoir le malheur de se rendre insupportable?

Un seul défaut qu'elle contracta vint à bout de détruire l'effet de tous ces agréments; l'intempérance de sa langue fit bientôt oublier les grâces de son etprit et la bonté de son cœur. La petite Léonore devint la plus grande babillarde de tout l'univers.

Lorsque, par exemple, elle prenait le matin son ouvrage, il fallait d'abord qu'elle dît: Oh! oh! il est bien temps de se mettre en besogne. Que dirait maman, si elle me trouvait les bras croisés? O mon Dieu! le grand morceau que j'ai à coudre! mais, Dieu merci, je ne suis pas manchotte, et je saurai bien en venir à bout. Ah! voilà l'horloge qui sonne. Une, deux, trois, quatre, cinq, six, sept, huit, neuf heures. J'ai encore deux heures jusqu'à l'heure de mon clavecin.

En deux heures on peut bien expédier du travail. Maman, en récompense, me donnera des bonbons. Je n'aime rien tant que les pralines. Ce n'est pas que des dragées ne soient aussi fort bonnes. Mon papa m'en donna l'autre jour; mais je crois que les pralines valent encore mieux.

Ah! si Dorothée venait aujourd'hui, je lui ferais voir ma belle garniture. Elle est assez drôle, cette petite Dorothée; mais elle aime trop à parler : on n'a pas le temps de glisser un mot avec elle.

Où est donc mon dé? ma sœur, n'as-tu pas vu mon dé! il faut que Justine l'ait emporté avec elle. Elle n'en fait jamais d'autre, cette étourdie! Sans dé on ne peut pas travailler.

Justine, Justine, où es-tu donc? n'as-tu pas vu mon dé? mais non, le voilà tout embarlificoté dans mon écheveau.

C'est ainsi que la petite créature dégoisait impitoyablement toute la journée. Quand son père et sa mère s'entretenaient ensemble de choses intéressantes, elle venait étourdîment se jeter au travers de leurs discours. Souvent à dîner, elle en était encore à sa soupe, lorsque les autres avaient presque fini leur repas.

Son papa la reprenait plusieurs fois le jour de ce défaut; les avis et les reproches étaient également inutiles. Les humiliations ne réussissaient pas mieux. Comme personne ne pouvait s'entendre auprès d'elle, on l'envoyait toute seule dans sa chambre. Aux repas, on la mettait séparément à une petite table, aussi loin qu'il était possible de la grande. Elle avait toujours quelque chose à se dire tout haut à elle-même, quand sa langue ne pouvait s'accrocher à personne. Plutôt que de rester muette, elle aurait lié conversation avec sa fourchette et son couteau.

Que gagnait-elle donc à suivre cette malheureuse habitude ? Vous le voyez, mes chers amis, rien que des mortifications et de la haine. Je vais vous raconter ce qu'elle eut encore un jour à souffrir.

Ses parens étaient invités par un de leurs amis à venir passer quelques jours à sa maison de campagne. C'était dans l'automne. Le temps était superbe, et il n'est pas possible de se figurer l'abondance qu'il y avait cette année, de pommes, de poires, de pêches et de raisins.

Léonore croyait accompagner ses parens. Elle fut bien surprise, lorsque son père ordonnant à ses petites sœurs Julie et Cécile de se préparer, lui annonça qu'il fallait qu'elle restât à la maison.

Elle se jeta, en pleurant, dans les bras de sa mère. Ah! ma chère maman, lui dit-elle, comment ai-je mérité que mon papa soit si fort en colère contre moi? Ton papa, lui répondit sa maman, n'est pas en colère; mais il est impossible de tenir à ta société! Tu troublerais tous nos plaisirs par ton barvadage continuel.

Faut-il donc que je ne parle jamais, reprit Léonore? Ce défaut lui répliqua sa mère, serait aussi grand que celui dont nous voulons te guérir. Mais il faut attendre que ton tour vienne, et ne pas couper sans cesse la parole à tes parens et à des personnes plus raisonnables que toi. Il faut aussi t'abstenir de dire tout ce qui te passe par la tête. Lorsque tu veux savoir quelque chose utile à ton instruction, demande-le en peu de mots; et si tu as quelque récit à faire, bien réfléchir d'abord en toi-même; ceux qui t'écoutent auront du plaisir à t'entendre.

Léonore, au défaut de raisons, n'aurait pas manqué de paroles pour se justifier; mais elle entendit son papa qui appelait sa femme et Julie, et Cécile. La voiture était déjà prête.

Léonore les vit partir en soupirant; et son œil plein de larmes suivit la voiture aussi loin que sa vue put s'étendre.

Lorsqu'elle ne les vit plus, elle alla s'asseoir dans un coin, passa une demi-heure à pleurer. Maudite langue, s'écria-t-elle ! c'est de toi que me viennent tous mes chagrins. Va, je prendrai garde que tu ne dises plus à l'avenir un mot plus qu'il ne faut. Quelques jours après ses parens revinrent. Ses sœurs rapportèrent des corbeilles pleines de noix et de raisins. Comme elles avaient le cœur excellent, elles se firent un plaisir de partager avec Léonore; mais Léonore était si triste, qu'elle ne pût en goûter. Elle courut à son papa, et lui dit : Pardonnez-moi de vous avoir mis dans la nécessité de me punir. Nous en avons trop souffert l'un et l'autre ! Je ne veux plus être une babillarde.

Le lendemain il fut permis à Léonore de se mettre à table avec les autres. Elle parla très-peu, et tout ce qu'elle dit fut plein de grâce et de modestie. Il est vrai qu'il lui en coûta beaucoup pour retenir sa langue qui, d'impatience et de démangeaison, roulait çà et là dans sa bouche. Peu à peu elle est parvenue à se défaire de son insupportable babil; et on l'a voit aujourd'hui figurer fort joliment dans la société, sans y porter le trouble et l'ennui.

Les deux Pommiers.

Un riche laboureur était père de deux garçons, dont l'un avait tout juste un an de plus que l'autre. Le jour de la naissance du second, il avait planté, à l'entrée de son verger deux pommiers d'une tige égale, qu'il avait cultivés depuis avec le même soin, et qui avaient si également profité de leur culture, qu'on n'aurait jamais pu se décider entr'eux pour la préférence. Lorsque ses enfans furent en état de manier les outils du jardinage, il les mena, un beau jour de printemps, devant les deux arbres qu'il avait plantés pour eux, et nommés de leurs noms; et, après leur avoir fait admirer leur belle tige et la quantité de fleurs dont ils étaient couverts, il leur dit: Vous voyez, mes enfans, que je vous les livre en bon état. Ils peuvent autant gagner par vos soins, qu'ils perdraient par votre négligence. Leurs fruits vous récompenseront en proportion de vos travaux.

Le cadet, nommé Etienne, était infatigable dans ses soins. Il s'occupait tout le jour à délivrer son arbre des chenilles qui l'auraient dévoré. Il étaya sa tige, pour empêcher qu'il ne prît une mauvaise tournure; il piochait la terre tout autour, afin qu'elle pût se pénétrer plus facilement des feux du soleil et de l'humidité de la rosée. Sa mère n'avait pas eu plus d'attention pour lui dans sa plus tendre enfance, qu'il n'en avait pour son jeune pommier.

Michel, son frère, ne faisait rien de tout cela. Il passait les journées à grimper sur le coteau voisin, d'où il jetait des pierres aux passants. Il allait chercher tous les petits paysans d'alentour, pour se battre avec eux. On ne lui voyait que des écorchures aux jambes et des bosses au front, des coups qu'il avait reçus dans ses querelles. En un mot, il négligea si bien son arbre, qu'il n'y songea du tout, qu'au moment où il vit dans l'automne celui d'Étienne si chargé de pommes bigarrées de pourpre d'or, que, sans les appuis qui soutenaient ses branches, le poids de ses fruits l'aurait entraîné à terre. Frappé, à la vue d'une si belle récolte, il courut à son arbre, dans l'espérance d'en recueillir une tout au moins aussi abondante. Mais quelle fut sa surprise, de n'y trouver que des branches couvertes de mousse, et quelques feuilles jaunies! Plein de jalousie et de dépit, il alla trouver son père, et lui dit: Mon père, quel arbre m'avez-vous donné? il est sec comme un manche à balai, et je n'aurai pas dix pommes à y recueillir. Mais mon frère !..... oh ! vous l'avez bien mieux traité. Ordonnez-lui, du moins, de partager ses pommes avec moi. Partager avec toi, lui répondit son père ! Ainsi le diligent aurait perdu ses sueurs pour nourrir le paresseux ! Souffre; c'est le prix de ta négligeance; et ne t'avise pas, en voyant la riche récolte de ton frère, de m'accuser d'injustice. Ton arbre était vigoureux et d'un aussi bon rapport que le sien. Il avait une égale quantité de fleurs; il est venu sur le même terrain; seulement il n'a pas reçu la même culture. Étienne a délivré son arbre des moindres insectes; tu leur as laissé dévorer le tien dans sa fleur. Comme je ne veux rien laisser perdre de ce que Dieu m'a donné, puisque je lui en dois compte, je te reprends cet arbre et lui ôte ton nom. Il a besoin de passer par les mains de ton frère pour se rétablir, et il lui appartiendra dès ce moment, ainsi que les fruits qu'il y fera naître. Tu peux en aller chercher un dans ma pépinière, et le cultiver, si tu veux, pour réparer ta faute; mais si tu le négliges, il appartiendra encore à ton frère, puisqu'il me seconde dans mes travaux.

Michel sentit la justice de la sentence de son

père, et la sagesse de son conseil. Il alla, dès ce moment, choisir dans la pépinière le plus jeune élève qu'il crut le plus vigoureux. Il le planta lui-même. Étienne l'aida de ses avis pour le cultiver. Michel n'y perdit pas un moment : plus de querelles avec ses camarades, encore moins avec lui-même ; car il se portait de gaîté de cœur au travail. Il vit dans l'automne son arbre répondre pleinement à ses espérances. Ainsi, il eut le double avantage de s'enrichir d'une abondante récolte, et de perdre les habitudes vicieuses qu'il avait contractées. Son père fut si satisfait de ce changement, qu'il lui céda, l'année suivante, de moitié avec son frère, le produit d'un petit verger.

Abel.

Le petit Abel, à peine âgé de huit ans, venait de perdre sa mère. Il en fut si affligé, que rien ne pouvait lui rendre la gaîté si naturelle à son âge. Sa tante fut obligée de le prendre chez elle, de peur qu'il n'aigrît encore, par sa tristesse, la douleur de son père.

Il allait cependant le voir quelquefois. Abel quittait alors ses habits de deuil ; et quoiqu'il eût le chagrin dans le cœur, il s'efforçait de prendre une figure joyeuse. M. Duval était sensible à cette attention délicate de son fils; mais il n'en ressentait qu'avec plus d'amertume le malheur d'avoir perdu la mère de cet aimable enfant; et son désespoir le poussait à grands pas vers le tombeau.

Il y avait près de quinze jours qu'Abel n'était allé le voir. Sa tante, sous différents prétextes, avoit toujours éludé ses instances. M. Duval était dangereusement malade.. Il n'osait demander à embrasser son fils, craignant de lui porter un coup douloureux par le spectacle de son état. Ces combats paternels, joints à la violence de ses regrets, abattirent tellement ses forces, que bientôt il ne resta plus aucune espérance de guérison. Il mourut en effet le dernier jour de l'année.

Le lendemain Abel s'était éveillé de bonne heure, et il tourmentait sa tante pour qu'elle le menât souhaiter la bonne année à son père. Il vit qu'on lui faisait reprendre ses habits de deuil.

Abel. Pourquoi ce vilain noir aujourd'hui, que nous allons chez mon papa? Qui est donc mort encore?

Sa tante était si affligée, qu'elle n'eût pas la force de lui répondre.

Abel. Eh bien! si vous ne voulez pas me le dire, je le demandrai à mon papa.

La bonne dame ne put pas y tenir plus longtemps; et laissant éclater sa douleur: C'est lui, c'est lui qui est mort, dit-elle.

Abel. Il est mort! O mon Dieu, ayez pitié de moi! C'est d'abord maman, et ensuite mon papa!

Pauvre petit enfant abandonné que je suis, sans père ni mère! O papa! O maman!

Abel, à ces mots tomba évanoui dans les bras de sa tante, qui eut beaucoup de peine à le faire revenir.

Ne t'afflige pas, lui disait-elle; tes parents te restent encore.

Abel. Et où donc? où les retrouver?

La Tante. Dans Le ciel, auprès du bon Dieu. Ils se trouvent heureux dans cette place; et ils auront toujours l'œil ouvert sur leur enfant. Si tu es sage, honnête et laborieux, ils prieront le Seigneur de te bénir. Le Seigneur n'a jamais abandonné personne, et sûrement il prendra soin de toi. C'est la dernière prière que ton papa fit hier au soir en mourant.

Abel. Hier au soir! quand je me réjouissais de

l'aller embrasser aujourd'hui! Hier au soir! Il n'est donc pas encore à l'église? O ma tante! je veux le voir avant qu'on l'y porte. Il n'a pas voulu me faire ses adieux. Ah! il craignait de m'affliger, et je l'aurais peut-être affligé moi-même. Mais à présent que je ne lui causerai plus de peine, je veux le voir pour la dernière fois. Ma tante, ma chère tante, je vous en supplie.

La Tante. Eh bien! mon ami, nous irons, pourvu que tu sois tranquille. Tu vois, à mes larmes, combien je suis désolée d'avoir perdu ton père. Il m'a fait du bien toute sa vie. J'étais pauvre, et je ne subsistais que par ses secours. Tu vois cependant que je me résigne à la Providence. Elle veille pour nous. Tranquillise-toi, mon petit ami.

Abel. Il faut bien que je me tranquillise. Mais, ma tante, menez-moi donc voir encore mon papa.

Sa tante le prit par la main, et ils sortirent. Le jour était sombre; il tombait un brouillard épais; Abel marchait en pleurant.

Lorsqu'ils arrivèrent devant la maison, ils la trouvèrent tendue de noir. Le cercueil était su la porte. Tous les amis de M. Duval étaient autour de lui. Ils pleuraient, ils sanglottaient, ils disaient tous que sa vie avait été pleine d'honneur et de probité. Le petit Abel fendit la presse, et se jeta sur le cercueil. D'abord il ne put proférer une seule parole: enfin il releva sa tête en s'écriant: O mon papa, regarde comme ton petit Abel pleure sur toi! Tu me consolais lorsque maman mourut, et cependant tu pleurais toi-même. Je ne t'ai plus aujourd'hui pour me consoler de l'avoir perdue. O mon papa! mon bon papa!

Il ne put en dire davantage, suffoqué par la douleur. Sa bouche était ouverte, et sa langue restait immobile. Ses yeux tantôt fixes, tantôt hagards, n'avaient plus de larmes. Sa tante eut besoin de toutes ses forces pour l'arracher avec violence du cercueil, tant il le tenoit embrassé. Elle le conduisit chez une voisine, et la pria de le garder jusqu'après l'enterrement de son père. Elle n'osait le prendre avec elle pour l'accompagner.

Bientôt les cloches sonnèrent l'heure des funérailles. Abel les entendit. La femme qui le gardait était sortie un moment de la chambre. Il s'élance hors de la maison, et court à l'église.

Les prêtres achevaient les prières des morts. On descendait le cercueil en silence. Un cri se fait entendre : enterrez-moi avec mon papa. — Abel s'était précipité dans la fosse.

Comme tout le monde fut effrayé !

On le retira pâle, défait, tout meurtri, et on l'emporta hors de l'église.

Il fut près de trois jours dans une défaillance continuelle. Sa tante ne le faisait revenir à lui, par intervalles, qu'en lui parlant de son père. Enfin, sa première douleur se calma. Il ne pleurait plus ; mais il était encore bien chagrin.

M. Frémont, riche marchand de la ville, entendit parler de cette déplorable aventure. M. Duval ne lui avait pas été inconnu. Il alla chez sa sœur pour voir le petit orphelin. Il fut touché de sa tristesse, le prit dans sa maison, et lui tint lieu de père.

Abel s'accoutuma bientôt à se regarder comme son fils, et il gagnait tous les jours quelque chose dans sa tendresse. A l'âge de vingt ans, il gouvernait déjà tout le commerce de son bienfaiteur, et le faisait prospérer avec tant d'habileté que M. Frémont cru devoir lui céder la moitié des profits, et lui donner sa fille en mariage. Abel

avait toujours soutenu sa tante de ses économies;
il eut le bonheur de la faire jouir d'une douce
aisance dans sa vieillesse. Jamais le premier jour
de l'an n'approchait qu'il ne fût saisi d'une espèce de fièvre, en se rappelant ce qu'il avait une
fois éprouvé à cette époque; et il avouait que
c'était aux sensations dont il était affecté, qu'il
devait les principes de courage, d'honneur et de
droiture qu'il suivit dans le long cours de sa
vie.

Les fraises et les groseilles.

Le petit Anselme avait entendu dire à son père
que les enfants ne savaient rien de ce qui pouvait
leur convenir, et que toute leur sagesse était de
suivre les conseils des personnes au-dessus de
leur âge. Mais il n'avait pas voulu comprendre
cette leçon, ou peut-être l'avait-il oubliée.

On avait partagé entre son frère Prosper et lui,
un petit carreau du jardin, afin que chacun eût
sa portion de terre en propre. Il leur avait été
permis d'y semer ou d'y planter tout ce qu'ils
voudraient.

Prosper se souvenait à merveille de l'instruction

de son père. Il alla trouver le jardininier, et lui dit: Mon ami Rufin, dis-moi, je te prie, ce que je dois planter dans mon jardin, et comment il faut m'y prendre?

Rufin lui donna des ognons et des graines choisies. Prosper courut aussitôt les mettre en terre. Rufin eût la complaisance d'assister à ses travaux, et de les diriger.

Anselme levait les épaules de la docilité de son frère. Voulez-vous, lui dit le jardinier, que je fasse aussi quelque chose pour vous? Fi donc! lui répondit Anselme, j'ai bien besoin de vos leçons. Il alla cueillir des fleurs, les planta par la tige dans la terre. Rufin le laissa faire comme il voulut.

Le lendemain, Anselme vit que toutes ses fleurs étaient fanées, et penchaient tristement leur front. Il en planta d'autres qui furent dans le même état le jour d'après.

Il fut bientôt dégoûté de cette manœuvre. C'était en effet acheter assez cher le plaisir d'avoir des fleurs dans son jardin. Il cessa d'y travailler, et la terre ne tarda guère à se couvrir d'orties et de chardons.

Vers le milieu du printemps, il aperçut sur le

terrain de son frère, quelque chose de rouge, suspendu à des bouquets d'herbe. Il s'approcha: c'étaient des fraises du plus beau pourpre et d'un goût exquis. Ah! s'écria-t-il, si j'en avais aussi planté dans mon jardin!

Quelque temps après il vit de petites graines d'une couleur vermeille, qui pendaient en grappes entre les feuilles d'un épais buisson. Il s'approcha: c'étaient des groseilles appetissantes, dont la seule vue réjouissait le cœur. Ah! s'écria-t-il encore, si j'en avais planté dans mon jardin!

Manges-en, lui dit son frère, comme si elles étaient à toi.

Il ne tenait qu'à vous, ajouta le jardinier, d'en avoir d'aussi belles. Ne méprisez plus à l'avenir les avis des personnes plus expérimentées que vous.

Le serin.

Serins à vendre! Qui veut acheter des serins de jolis serins?

Ainsi criait un homme en passant devant la maison de Joséphine. Joséphine l'entendit: elle courut à la fenêtre, et regarda de tous côtés dans la rue. C'était un marchand d'oiseaux qui en portait une grande cage sur sa tête. Elle était toute pleine de serins. Ils sautillaient si légèrement sur les bâtons et gazouillaient si joliment, que Joséphine, emportée par sa curiosité, faillit à se précipiter par la fenêtre pour les voir de plus près.

Voulez-vous acheter un serin, mademoiselle, lui cria l'oiseleur?

Peut-être bien, lui répond Joséphine; cela ne dépend pas tout-à-fait de moi; attendez un peu, je vais en demander la permission à mon papa.

L'oiseleur lui promit d'attendre. Il y avait une large borne de l'autre côté de la rue; il y déposa sa cage et s'y tint debout à côté. Joséphine, dans cet intervalle, courut à la chambre de son père; elle y entra tout essoufflée, en lui criant: Venez vite, mon papa; venez, venez.

M. de Gourcy. Eh! qu'y a-t-il donc de si pressé?

Joséphine. C'est un homme qui vend des serins: il en a, je crois, plus d'un cent; une grande cage toute pleine qu'il porte sur la tête.

M. de Gourcy. Et pourquoi en as-tu tant de joie?

Joséphine. Eh! mon papa, c'est que je veux... c'est-à-dire, si vous me le permettez, je voudrais bien en acheter un.

M. de Gourcy. Et as-tu de l'argent?

Joséphine. Oh! j'en ai assez dans ma bourse

M. de Gourcy. Mais qui nourrira ce pauvre oiseau?

Joséphine. Moi, moi, mon papa. Vous verrez, il sera bien aise de m'appartenir.

M. de Gourcy. Ah! je crains bien....

Joséphine. Et quoi donc?

M. de Gourcy. Que tu ne le laisses mourir de soif ou de faim.

Joséphine. Moi, le laisser mourir de soi de faim? Oh! non certainement. Je ne toucherai jamais à mon déjeûner avant que mon oiseau n'ait eu le sien.

M. de Gourcy. Joséphine, Joséphine, tu es bien étourdie, tu n'as qu'à oublier un jour seulement...

Joséphine donna de si belles paroles à son père,

elle lui fit tant de caresses et le tirailla si fort par le pan de son habit, que M. de Gourcy voulut bien céder à l'envie de sa fille.

Il traversa la rue en la tenant par la main. Ils arrivèrent à la cage, et choisirent le plus beau serin de toute la volière. C'était un mâle, du jaune le plus brillant, avec une petite huppe noire sur la tête.

Qui fut jamais plus contente que ne l'était alors Joséphine? Elle présenta sa bourse à son père, pour qu'il y prît de quoi payer l'oiseau. M. de Gourcy tira de la sienne, de quoi acheter une belle cage, garnie d'une mangeoire avec un abreuvoir de cristal.

Joséphine n'eut pas plutôt installé le serin dans son petit palais, qu'elle courut par toute la maison, appelant sa mère, ses sœurs, tous les domestiques, et leur montrant l'oiseau que son père avait bien voulu lui acheter. Lorsqu'il venait quelqu'une de ses petites amies, les premiers mots qu'elle leur disait, c'était: Savez-vous bien que j'ai le plus joli serin de tout Paris? Il est jaune comme de l'or, et il a un panache noir, comme les plumes du chapeau à maman. C'est un mâle. Venez, venez, je vais vous le montrer; il s'appelle Mimi.

Mimi se trouvait fort bien des soins de Joséphine. Elle ne songeait, en se levant, qu'à lui donner du grain nouveau et de l'eau bien pure. Lorsqu'on servait des biscuits sur la table de son père, la part de Mimi était faite la première. Elle avait toujours en réserve des morceaux de sucre pour lui. La cage était garnie de tous côtés de mouron frais et de grappes de millet Mimi ne fut pas ingrat à tant d'attentions : il apprit à distinguer Joséphine ; et au premier pas qu'elle faisait dans la chambre, c'était des battemens d'aile et des *cuic, cuic,* qui ne finissaient pas. Joséphine le mangeait de baisers.

Au bout de huit jours, il commença à chanter : il se faisait lui-même des airs fort jolis ; quelquefois il roulait si long-temps sa voix dans son gosier, qu'on aurait cru qu'il allait tomber expirant de fatigue au bout de ses cadences. Puis après s'être interrompu un moment, il recommençait de plus belle, et d'un son si fort et si brillant, qu'on l'entendait dans toute la maison.

Joséphine passait des heures entières à l'ecouter, assise auprès de sa cage. Elle laissait quelquefois tomber son ouvrage de ses mains pour le regarder, et lorsqu'il l'avait régalée d'une jolie chanson, elle le régalait à son tour d'un air de serinette qu'il cherchait ensuite à répéter. Cependant Joséphine s'accoutuma peu-à-peu à ces plaisirs. Son père lui fit un jour présent d'un livre d'estampes. Elle en fut si agréablement occupée, que Mimi en fut un peu négligé. *Cuic, cuic,* disait-il toujours, d'aussi loin qu'il voyait Joséphine : Joséphine ne l'entendait plus.

Près de huit jours s'étaient écoulés sans qu'il eût ni mouron frais, ni biscuit. Il répétait les plus jolis airs que Joséphine lui eût appris; il en composait de nouveaux pour elle, tout cela inutilement : vraiment Joséphine avait bien d'autres choses en tête.

Le jour de sa fête était arrivé. Son parrain lui avait donné une poupée qui allait sur des roulettes, cette poupée, qu'elle appelait Colombine, acheva de faire oublier Mimi. Depuis l'instant qu'elle se levait, jusqu'au soir, elle ne s'occupait qu'à habiller et à déshabiller cent fois mademoiselle Colombine, à lui parler et à la promener dans la chambre. Le pauvre oiseau était encore bien content, lorsqu'on lui donnait sur la fin du jour quelque nourriture.

Quelquefois il lui arrivait d'attendre jusqu'au lendemain.

Enfin, un jour, M. de Gourcy étant à table, et tournant par hasard les yeux vers la cage, il vit que le serin était couché sur le ventre, et qu'il haletait avec peine. Ses plumes étaient hérissées, et il paraissait rond comme un peloton. M. de Gourcy s'approche ; plus de *cuic, cuic* d'amitié : la pauvre bête avait à peine assez de force pour respirer.

Josephine! s'écria M. de Gourcy, qu'à donc le serin?

Josephine rougit. Ah! mon papa! c'est que j'ai... c'est que j'ai oublié.... et elle alla toute tremblante chercher la boîte de millet.

M. de Gourcy décrocha la cage, et visita la mangeoire et l'abreuvoir. Hélas! Mimi n'avait plus un seul grain, pas une goutte d'eau.

Ah! mon pauvre oiseau! s'écria M. de Gourcy, tu es tombé en des mains bien cruelles. Si je l'avais prévu, je ne t'aurais pas acheté. Toute la compagnie qui était à table se leva en frappant dans ses mains, et en s'écriant : La pauvre bête!

M. de Gourcy mit du grain dans la mangeoire, et remplit l'abreuvoir d'eau fraîche : il eut bien de la peine à rappeler Mimi à la vie.

Joséphine sortit de table, monta dans sa chambre en pleurant, et mouilla tout un mouchoir de ses larmes.

Le lendemain, M. de Gourcy ordonna qu'on emportât l'oiseau hors de la maison, et qu'on en fît présent au fils de M. de Marsay, son voisin, qui passait pour un enfant très-soigneux, et qui aurait pour lui plus d'attention que Joséphine.

Il aurait fallu entendre les regrets et les plaintes de la petite fille. Ah! mon cher oiseau! mon pauvre Mimi! Tenez, je vous le promets bien, mon papa, je ne l'oublierai jamais un seul instant de ma vie; laissez-le avec moi encore pour cette fois.

M. de Gourcy se laissa enfin toucher par les prières de Joséphine, et lui rendit le serin. Ce ne fut pas sans lui faire une réprimande sévère et des exhortations pressantes pour l'avenir. Cette pauvre bête, lui dit-il, est renfermée, et n'est pas en état de pourvoir elle-même à ses besoins. Lorsqu'il te manque quelque chose, tu peux le demander; mais Mimi ne sait pas faire entendre son langage. Si tu lui laisses encore souffrir la soif ou la faim..

A ces mots, un torrent de larmes coula sur les joues de Joséphine. Elle prit les mains de son papa, et les baisa; mais la douleur l'empêcha de proférer une parole.

Voilà Joséphine maîtresse une seconde fois de Mimi, réconcilié de bon cœur avec Joséphine.

Un mois après, M. de Gourcy fut obligé d'entreprendre un voyage de quelques jours avec sa femme. Joséphine, Joséphine, dit-il en parlant à sa fille, je te recommande le pauvre Mimi.

A peine ses parens furent-ils entrés dans la voiture, que Joséphine courut à la cage, et pourvut soigneusement l'oiseau de tout ce qui lui était nécessaire.

Quelques heures après, elle commença à s'ennuyer; elle envoya chercher ses petites amies, et sa gaîté revint; elles allèrent ensemble à la promenade, et à leur retour elles passèrent une partie de la soirée à jouer à colin-maillard et aux quatre coins; la danse vint ensuite.

Enfin, la petite compagnie se sépara fort tard, et Joséphine se mit au lit harassée de fatigue.

Le lendemain, dès la pointe du jour elle se réveilla, en pensant aux amusemens de la veille. Si sa gouvernante avait voulu l'en croire, elle aurait couru, en se levant, chez les demoiselles de Saint-Maure. Il fallut attendre jusqu'à l'après-dîner; mais à peine eut-elle achevé son repas, qu'elle se fit conduire chez ces demoiselles.

Et Mimi? il fut obligé de rester seul, et de jeûner.

Le jour suivant se passa aussi dans les plaisirs.

Et Mimi? il fut encore oublié. Il en fut de même du troisième jour.

Et Mimi? qui aurait pensé à lui dans toutes ces dissipations?

Le quatrième jour, M. et Mme de Gourcy revinrent de leur voyage. Joséphine ne s'était guère occupée de leur retour. A peine son père l'eut-il embrassée et se fut-il informé de sa santé, qu'il lui dit : Comment se porte Mimi?

Fort bien, s'écria Joséphine, un peu surprise; et elle courut vers la cage pour apporter l'oiseau.

Hélas! la pauvre bête ne vivait plus; elle était couchée sur le ventre, les ailes étendues et le bec ouvert.

Joséphine poussa un grand cri, et se tordit les mains; toute la famille accourut, elle fut témoin de ce malheur.

Ah! mon pauvre oiseau, s'écria M. de Gourcy, que ta mort a été douloureuse! Si je t'avais étouffé le jour de mon départ, tu n'aurais eu qu'un moment à souffrir, au lieu que tu as enduré pendant plusieurs jours les tourmens de la faim et de la soif, et que tu es mort dans une longue agonie.

Tu es encore bien heureux d'être délivré des mains d'une gardienne si impitoyable.

Joséphine aurait voulu se cacher dans les entrailles de la terre ; elle aurait donné tous ses joujoux et toutes ses épargnes, pour racheter la vie à Mimi ; mais tout cela était inutile.

M. de Gourcy prit l'oiseau, le fit vider et remplir de paille, et le suspendit au plancher.

Joséphine n'osait y porter les yeux ; toutes les fois que, par hasard, elle l'apercevait, elle priait chaque jour son père de l'ôter de sa vue.

M. de Gourcy n'y consentit qu'après bien des instances.

Toutes les fois qu'il échappait à Joséphine quelque trait d'étourderie et de légèreté, l'oiseau était remis à sa place ; et elle entendait dire à tout le monde : Pauvre Mimi ! tu as souffert une mort bien cruelle !

Le Désordre et la Malpropreté.

Urbain passait à juste titre, pour un excellent petit garçon. Il était doux et officieux pour ses amis, obéissant envers ses maîtres et ses parens.

Il n'avait qu'un défaut, c'était de ne prendre aucun soin de ses livres et de ses petits effets, d'être fort négligé dans sa parure, et très-sale sur ses habits.

On l'avait souvent repris de sa négligence. Ces reproches l'affligeaient pour lui-même, et parce qu'il voyait ses amis les lui faire avec regret. Il avait mille fois résolu de se corriger; mais l'habitude était devenue si forte que c'était toujours le même désordre et la même malpropreté.

Il y avait long-temps que son papa lui avait promis, ainsi qu'à ses frères, de leur donner le plaisir d'une promenade sur l'eau.

Le temps se trouva un jour très-serein. Le vent était doux, la rivière tranquille. Il fit appeler ses enfans, leur annonça son projet; et comme sa maison donnait sur le port, il prit la peine d'y aller lui-même choisir une petite chaloupe, la plus jolie qu'il put trouver.

Comme toute la jeune famille se réjouit! avec quel empressement chacun se hâta de faire ses préparatifs pour une partie de plaisir si long-temps attendue!

Ils étaient déjà prêts, lorsque M. de Saint-André revint pour les prendre. Ils sautaient de joie autour de lui. De son côté il était ravi de leur joie. Mais quelle fut sa surprise, en jetant les yeux sur Urbain, de voir l'état pitoyable de son accoutrement !

L'un de ses bas était descendu sur le talon ; l'autre se roulait à longs plis autour de sa jambe, son pantalon avait deux grands yeux ouverts à l'endroit du genou ; sa veste était toute marquetée de taches de graisse et d'encre, et il manquait à son habit la moitié du collet.

M. de Saint-André vit avec peine qu'il ne pouvait se charger d'Urbain dans un pareil état. Tout le monde aurait eu raison de croire que le père d'un enfant si désordonné devait être aussi désordonné lui-même, puisqu'il souffrait ce défaut dégoûtant dans son fils. Et comme il avait des qualités plus heureuses pour se faire distinguer par ses concitoyens, il n'était pas excessivement jaloux de cette nouvelle renommée.

Urbain avait bien un autre habit ; malheureusement il se trouvait alors chez le tailleur, et ce n'était pas pour peu de chose ; il ne s'agissait de rien moins que d'y recoudre un pan qui s'était détaché. Le dégraisseur devait ensuite avoir pour deux ou trois jours de besogne pour le remettre à neuf.

Qu'arriva-t-il, mes amis ? vous le devinez sans peine.

Ses frères, qui avaient des habits propres, et dont tout l'équipage faisait honneur à leur papa, montèrent avec lui dans la chaloupe. Elle était peinte en bleu, relevée par des bordures d'un rouge éclatant. Les rames et les banderoles étaient bariolées de ces deux couleurs. Les matelots portaient des vestes d'une blancheur éblouissante, avec de larges ceintures vertes autour de leur corps, de gros bouquets de fleurs à leur côté, de grands panaches de plumes à leur chapeau. Il y avait dans le fond, près du gouvernail, trois hommes avec un hautbois, un fifre et un tambour, qui commencèrent à jouer sur les instrumens une marche guerrière, aussitôt que la chaloupe s'éloigna du bord. Le peuple, assemblé sur le rivage, y répondait par de joyeuses clameurs.

Urbain qui s'était fait une si grande fête de cette promenade, fut obligé de rester à la maison. Il est vrai qu'il eut le plaisir de voir de sa fenêtre cet embarquement, de suivre de l'œil la chaloupe, dont un vent léger enflait les voiles, et qui paraissait voler sur la surface des eaux, et que ses frères, à leur retour, voulurent bien lui raconter tous les amusemens de leur journée, dont le récit les faisait tressaillir de joie.

Un autre jour, comme il s'amusait dans une prairie à cueillir des fleurs avec un de ses amis, pour en faire un bouquet à sa maman, il perdit une de ses boucles.

Au lieu de s'occuper à la chercher, il pria son camarade, qui restait assis pour arranger le bouquet, de lui prêter une des siennes, parce qu'en marchant sur les oreilles pendantes de son soulier, il avait déjà trébuché deux ou trois fois.

Son ami lui prêta volontiers sa boucle. Urbain, pressé de courir, l'attacha si négligemment, qu'au bout d'un quart d'heure elle était déjà hors de son pied.

Ils se trouvèrent fort embarrassés quand il fut question de rentrer au logis.

La nuit était venue, et l'herbe était si haute, qu'un agneau se serait caché sous son épaisseur. Le moyen d'y retrouver, dans l'obscurité, quelque chose d'aussi petit. Ils s'en retournèrent clopin clopant, s'appuyant l'un sur l'autre, et tous les deux fort tristes. Urbain surtout, qui, doué d'un caractère très-sensible, avait à se reprocher d'exposer son ami à la colère de ses parens.

Le lendemain, il se présenta devant toute sa famille assemblée, avec une seule boucle pour ses deux souliers. Triste coup-d'œil pour un père, qui voyait par-là combien ses leçons avaient été vainement prodiguées.

M. de Saint-André payait tous les dimanches une petite pension à ses enfans, pour leur donner le moyen de satisfaire aux fantaisies de leur âge, et surtout à leur générosité. Les frères d'Urbain avaient le plaisir de l'employer à un usage si doux. Mais pour lui, sa pension ne lui passait presque jamais dans les mains, parce que son père la retenait, tantôt pour lui acheter des boutons de manches, une cravate ou son chapeau, qu'il avait égarés, tantôt pour faire détacher ses habits, et réparer leur désordre.

Une boucle d'argent est d'un certain prix. Ce n'était pas tout encore; il avait perdu celle de son camarade, et il fallait l'en dédommager tout de suite; mais comment? ses pensions de la semaine n'auraient pu y suffire de plus de trois mois. Heureusement son père lui avait fait apprendre à écrire; et, pour me servir de l'expression commune, il avait une assez jolie main.

C'était le seul travail où il pût gagner quelque chose. Je dois convenir, à sa louange, qu'il se prêta de fort bonne grâce à l'arrangement qui fut proposé.

Le père de son ami était un avocat célèbre,

qui donnait tous les jours un grand nombre de consultations. M. de Saint-André lui offrit de les faire mettre au net par Urbain, jusqu'à ce qu'il eût gagné de quoi payer la boucle de son ami, qu'il avait perdue.

Urbain passait les heures de ses récréations à copier des écrits de procédures fort ennuyeux, et tout griffonnés, tandis que ses frères allaient se promener à la campagne, ou qu'ils s'amusaient avec leurs camarades à jouer dans le jardin.

Combien il soupira de son étourderie ! et combien, dans un petit nombre de jours, elle lui fit perdre de plaisirs !

Il eut le temps de rentrer en lui-même, et de former pour l'avenir de bonnes résolutions, que son expérience lui a fait suivre fidèlement. Si je vous le montrait, mes chers amis, en voyant l'air de propreté qui règne aujourd'hui dans sa parure, et l'arrangement qu'il observe dans tout ce qui lui appartient, vous ne croiriez jamais que c'est la même personne dont je viens de décrire l'histoire pour vous instruire autant que pour vous amuser.

Trait d'amitié fraternelle.

Le fils d'un riche négociant de Londres s'était

livré dans sa jeunesse à tous les excès : il irrita son père, dont il méprisa les avis. Le vieillard près de finir sa carrière, fait un acte par lequel il déshérite son jeune fils, et meurt. Dorval, instruit de la mort de son père, fait de sérieuses réflexions, rentre en lui-même et pleure ses égarements passés. Il apprend bientôt qu'il est déshérité : cette nouvelle n'arrache de sa bouche aucun murmure injurieux à la mémoire de son père ; il la respecte jusque dans l'acte le plus désavantageux à ses intérêts, il dit seulement ces mots : Je l'ai mérité. Cette modération parvient aux oreilles de Genneval, qui, charmé de voir le changement de Dorval, l'embrasse et lui rend la part qui lui est due.

Le Forgeron.

M. de Cremy, passant vers minuit devant l'atelier d'un forgeron, entendit les coups redoublés de son marteau. Il voulut savoir ce qui le retenait si tard à l'ouvrage, et s'il ne pouvait gagner sa vie du labeur de sa journée, sans le prolonger si avant dans la nuit.

Ce n'est pas pour moi que je travaille, répondit le forgeron, c'est pour un de mes voisins qui a eu le malheur d'être incendié. Je me lève deux heures plutôt et je me couche deux heures plus tard tous les jours, afin de donner à ce pauvre malheureux de faibles marques de mon attachement. Si je possédais quelque chose, je le partagerais avec lui; mais je n'ai que mon enclume, et je ne puis pas la vendre, car c'est elle qui me fait vivre. En la frappant chaque jour quatre heures de plus qu'à l'ordinaire, cela fait par semaine la valeur de deux journées dont je puis céder le produit. Dieu merci, la besogne ne manque pas dans cette saison; et quand on a des bras, il faut bien les faire servir à secourir son prochain.

— Voilà qui est fort généreux de votre part, mon enfant, lui dit M. de Cremy; car selon toute apparence, votre voisin ne pourra jamais vous rendre ce que vous lui donnez.

— Hélas! monsieur, je le crains pour lui plus que pour moi; mais je suis bien sûr qu'il en ferait autant, si j'étais à sa place.

M. de Cremy ne voulut pas le détourner plus long-temps de ses occupations; et lui ayant souhaité une bonne nuit, il le quitta. Le lendemain, ayant tiré de ses épargnes une somme de six cents livres, il la porta chez le forgeron, dont il voulait récompenser la bienfaisance, afin qu'il pût tirer son fer de la première main, entreprendre de plus grands ouvrages, et mettre ainsi en réserve quelques deniers du fruit de son travail pour les jours de sa vieillesse.

Mais quelle fut sa surprise, lorsque le forgeron lui dit : Reprenez votre argent, monsieur; je n'en ai pas besoin, puisque je ne l'ai pas gagné. Je suis en état de payer le fer que j'emploie, et s'il m'en faut davantage, le marchand me le donnera bien sur mon billet.

Ce serait, de ma part, une grande ingratitude, de vouloir le priver du gain qu'il doit faire sur sa marchandise, lorsqu'il n'a pas craint de m'en avancer pour cent écus dans le temps où je ne possédais que l'habit que j'ai sur le corps. Vous avez un meilleur usage à faire de cette somme, en la prêtant sans intérêt au pauvre incendié. Il pourra, par ce moyen, rétablir ses affaires; et moi je pourrai dormir toute la nuit.

M. de Cremy n'ayant pu, malgré les plus vives instances, le faire revenir de son refus, suivit le conseil qu'il lui avait donné, et il eut le plaisir de faire le bonheur d'une personne de plus que dans le premier projet de son cœur généreux.

Les oies sauvages.

Le jeune Raimond voyait un jour une troupe d'oies sauvages qui traversaient les airs à demi cachées dans les nues; et il admirait la hauteur et l'ordre de leur vol.

M. de Laval était en ce moment près de lui: Mon papa, lui dit Raimond, vous prenez soin de faire nourrir les oies que nous avons dans notre basse-cour; mais les oies sauvages, qui les nourrit?

M. *de Laval*. Personne, mon ami.

Raimond. Comment font-elles donc pour vivre?

M. *de Laval*. Elles cherchent elles-mêmes leur nourriture. N'ont-elles pas des ailes?

Raimond. Celles de notre basse-cour en ont aussi. D'où vient qu'elles ne savent pas voler?

M. *de Laval*. C'est que toutes les bêtes apprivoisées sont des animaux dégénérés, qui ont perdu en partie l'usage de leurs forces et de leur instinct.

Raimond. Elles ne doivent pourtant pas se trouver plus à plaindre, puisque Marguerite leur fournit abondamment tout ce qu'il leur faut.

M. de Laval. Il est vrai, mon fils, qu'on les nourrit avec soin; mais tu sais dans quelle vue, pour les manger aussitôt qu'elles seront engraissées. Les autres ne craignent pas ce malheur. En se procurant toutes seules leurs aliments, elles peuvent jouir de tous les droits de la liberté. Il en est ainsi dans la vie sociale. Un homme qui serait assez lâche pour se reposer entièrement sur les autres du soin de sa subsistance, perdrait toute l'énergie de son esprit, et serait obligé de se vendre pour un morceau de pain. Celui qui se sent au contraire assez de courage pour pourvoir de lui-même à ses nécessités, jouit d'une noble indépendance, et ne perd rien de la vigueur de son âme. Ce n'est pas que chacun de nous doive vivre à part, uniquement occupé de lui-même. Ces oiseaux, dont je te propose l'exemple, forment entr'eux des sociétés fort bien réglées. On les voit couver les œufs et soiger les petits des mères qui perdent la vie par quelque malheur. Ils se soutiennent aussi mutuellement, lorsqu'ils sont fatigués dans leur vol. Chacun se met à son tour à la tête de la troupe pour guider les autres, et leur faciliter le voyage. Raimond, ces deux espèces d'oiseaux n'en formaient qu'une originairement. Tu vois quelle différence a mise entr'eux leur manière de vivre.

Raimond. Oh! mon papa! ne me parlez pas de ramper dans les basses-cours. Vivent ceux qui savent fendre les airs!

www.ingramcontent.com/pod-product-compliance
Lightning Source LLC
Chambersburg PA
CBHW070519100426
42743CB00010B/1875